Epeli
Hau'ofa

Rückkehr durch
die Hintertür

Zu diesem Buch

In Tonga gilt als miserabler Erzähler, wer seine Zuhörer nicht zum Lachen bringt. Lach- und Lügengeschichten über seine kleine Insel im Pazifik erzählt auch Epeli Hau'ofa.

Hier gelten ganz andere Regeln als für den Rest der Welt. Die größte Tugend ist heiteres Nichtstun, das allerdings immer wieder durch penetrante Entwicklungshelfer gestört wird. Sie haben die Insel als ideales Terrain für Hilfsprojekte entdeckt, was allerhand lästige Betriebsamkeit verursacht. Doch bald entwickeln sich die Bewohner zu international hochgeschätzten Experten im Einreichen korrekter Gesuche und Empfangen von Hilfe.

Epeli Hau'ofas geschliffene Satiren sind durch und durch phantastisch, grotesk real, und sie funkeln vor Spott und Selbstironie. In hohen Auflagen und verschiedenen Verlagen publiziert, gehören sie heute zum grundlegenden Lesestoff und Denkanstoß der pazifischen Welt.

Der Autor

Epeli Hau'ofa wurde 1939 in Tonga geboren. Er hat in Kanada und Australien Geschichte und Anthropologie studiert, seine Ausbildung mit einer Dissertation abgeschlossen und ist Gründer der ersten tonganischen Literaturzeitschrift FAIKAVA. Der Autor zahlreicher sozialwissenschaftlicher Studien über den Pazifik war von 1978 bis 1981 Privatsekretär des Königs von Tonga.

Die Übersetzer

Ina Boesch ist Ethnologin und beschäftigt sich im Rahmen ihrer Arbeit als Journalistin mit dem pazifischen Raum. *Renate von Gizycki* ist ebenfalls Ethnologin, studierte und promovierte in Göttingen. Forschungsaufenthalte im Südpazifik und in Hawai'i seit 1975. Zahlreiche Rundfunksendungen und Publikationen über die neue Literatur in Ozeanien. *Irene Knauf* arbeitete nach ihrem Studium der Germanistik und Anglistik einige Jahre als Lehrerin, bevor sie als Übersetzerin und Autorin tätig wurde. *Johano Strasser* ist nach einem Studium der Philosophie und Politik seit 1983 als freier Schriftsteller tätig und seit 1995 Generalsekretär des P.E.N.-Zentrums Deutschlands.

Epeli
Hau'ofa

Rückkehr durch die Hintertür

Aus dem Englischen von
Ina Boesch, Renate von Gizycki,
Irene Knauf und Johano Strasser

Mit einem Nachwort von
Ina Boesch

Unionsverlag
Zürich

Englische Ausgaben erschienen 1983
unter dem Titel *Tales of the Tikongs*
bei Longman Paul, New Zealand,
und 1994 bei der University of Hawai'i Press.
Eine Teilausgabe dieser Erzählungen erschien 1988
bei tolling, Nürnberg.

Die Übersetzung aus dem Englischen wurde unterstützt durch die Gesellschaft
zur Förderung der Literatur aus Afrika, Asien und Lateinamerika e.V.
in Zusammenarbeit mit der Schweizer Kulturstiftung PRO HELVETIA.

Auf Internet
Aktuelle Informationen
Dokumente über Autorinnen und Autoren
Materialien zu Büchern
Besuchen Sie uns:
http://www.unionsverlag.ch

Unionsverlag Taschenbuch 121

Rieterstrasse 18, CH-8059 Zürich
Telefon 0041-1 281 14 00, Fax 0041-1 281 14 40

Umschlaggestaltung: Heinz Unternährer, Zürich
Umschlagbild: Pam Debenham, »Paradise Lost«, 1995
Druck und Bindung: Clausen & Bosse, Leck
ISBN 3-293-20121-0

Die äußersten Zahlen geben die aktuelle Auflage
und deren Erscheinungsjahr an:

1 2 3 4 5 - 01 00 99 98

Der Siebte Tag und andere Tage *7*

Der gewundene Weg zum Himmel *15*

Alter Wein in neuen Schläuchen *21*

Der Turm zu Babel *30*

Der Fortschritt eines Pilgers *43*

Der Sünde Sold *54*

Pfade zum Ruhm *66*

Rückkehr durch die Hintertür *73*

Der große Bockmist *87*

Selig sind die Sanftmütigen *103*

Bopeeps Glocken *113*

Der glorreiche pazifische Weg *123*

Nachwort: Das pazifische Lachen 138

Der Siebte Tag und andere Tage

Als Gott in sechs Tagen das Universum schuf und am siebten ruhte, befand Er, daß es so gut sei und daß der Mensch seine Arbeits- und Ruhetage ebenso regeln solle. Abrahams Kinder befolgten die Regel, und so tun es die Christen auf der ganzen Welt – außer in dem kleinen Land Tiko, ungeachtet seiner strengen Gesetze zum Sonntagsgebot. Das heißt nicht, daß in Tiko sieben oder auch nur fünf Tage die Woche gearbeitet wird. Weit gefehlt. Um Tiko zu verstehen, muß man zuerst die Wege des Lieben Gottes kennen und sich dann das Gegenteil vorstellen. Während der Herr in eine Richtung geht, gefolgt von den Christen auf der ganzen Welt, schlägt Tiko die entgegengesetzte Richtung ein, und zwar ganz allein. Wenn also der Herr an sechs Tagen arbeitet und am siebten ruht, ruht Tiko an sechs Tagen und arbeitet am siebten.

»Und das ist die Wahrheit«, sagte Manu und nickte mit seinem schweren Kopf. »Da unsere Leute am Sonntag so hart arbeiten, müssen sie sich sechs Tage lang von den Strapazen erholen.«

»Das ist nicht wahr!« rief der alte Priester. »Niemand arbeitet oder spielt am Sonntag, das ist gegen das Gesetz!«

Da er nicht mit einem starrköpfigen Achtzigjährigen streiten wollte, erzählte Manu dem Prediger von seinem bedeutenden Verwandten Sione Falesi.

Sione ist eine äußerst wichtige Person, die im Königreich hohe weltliche und religiöse Ämter bekleidet. Sione ist ein Meter achtzig groß, wiegt sicherlich seine dreihundert Pfund, und jedes Gramm an ihm verrät den großen polynesischen Aristokraten, wie Satusi, seine fünfundzwanzigjährige Frau, es auszudrücken pflegt. Tatsächlich ist Sione ein richtiger polynesischer Häuptling, ein praktizierender Christ und ein erklärter Sündiger, der jeden Sonntag in die Kirche geht, vor allem um Gott für seine vielen, vielen Fehler um Verzeihung zu bitten.

Siones Haus steht nicht allzu weit von der Kirche des Ortes entfernt, die eine riesige Glocke hat. Jeden Sonntagmorgen exakt um vier Uhr dreißig dröhnt die große Glocke. Ja, sie dröhnt, denn in Tiko läuten die Glocken nicht. Zudem dröhnt die Glocke von Siones Kirche genau zur selben Zeit wie Tausende anderer Glocken im Königreich, wo es viermal mehr Kirchen gibt als öffentliche Einrichtungen, selbst wenn man alle zusammenzählt.

Beim ersten Dröhnen rollt Sione von seiner Frau herunter und kracht auf den Boden, ist hellwach. Auch Satusi schreckt auf, fällt auf ihn drauf und ist ziemlich sauer wegen dieser Unterbrechung. Ihre sechzehn Kinder springen ebenfalls auf, allerdings geben sie keinen Mucks von sich, da sie sonst den Hintern versohlt bekämen. Alle Leute im Land springen zur selben Zeit auf wie Sione und seine Familie. Und die Glocken hören erst dann auf zu dröhnen, wenn alle in der Kirche sind. Es gibt keine andere Möglichkeit, die Glocken anzuhalten, was erklärt, warum annähernd hundert Prozent in die Kirche gehen. Alle gehen in die Kirche, alle außer Manu, der das einzige Paar Ohrstöpsel im Land besitzt. Und deshalb kann Manu durchschlafen.

So beginnt der Sonntag im kleinen Tiko, ein langer Tag. Alle zwei Stunden dröhnen die großen Glocken, und alle zwei Stunden gehen alle in die Kirche, außer Manu. Alle singen, alle beten, alle beichten; sitzend, stehend, kniend. Und während des ganzen Siebten Tags wird der Herr gelobt, wird dem Herrn geschmeichelt, wird der Herr um etwas gebeten. Doch vielleicht hört es der Herr gar nicht, weil es sein freier Tag ist.

Der letzte Akt der Frömmigkeit findet um zehn Uhr abends statt, wenn jede Familie zusammenkommt, um das Familiengebet herzusagen, bevor sie sich in ihre sechstägige Ruhe- und Erholungsphase zurückzieht.

Sione hat sechzehn Kinder, und keines ist an einem Sonntag geboren worden. Seine Frau ist wieder schwanger, und es ist ganz sicher, daß das Kind an jedem anderen Tag auf die Welt kommen wird als am Siebten Tag. Tatsächlich ist niemand im Königreich an einem Sonntag zwischen Sonnenaufgang und Mitternacht empfangen oder geboren worden, und zwar wegen der Glocken, die die Menschen in den Kirchen halten. Es ist unmöglich, am Siebten Tag irgendeine Sünde zu begehen. Kinder können nur an einem Sonntag geboren werden, wenn ihre Erzeuger an diesem Tag gesündigt haben, sagen die Ärzte vom staatlichen Krankenhaus. Doch niemand tut es, nicht einmal Sione, obwohl er eine äußerst wichtige Person ist.

»Der Siebte Tag ist der Tag des Herrn, jeder andere Tag gehört dem Teufel«, erklärte Manu. Und der Teufel tut, wie die Sonntagsschullehrer predigen, nichts anderes, als die Menschen in Versuchung zu führen. Deshalb sind die sechs Tage, die dem Versucher gehören, nicht nur eine Phase der Ruhe und Erholung, sondern auch der Verführung und vielen, vielen Sünde.

Ungeachtet ihrer Frömmelei und der scheinheiligen Beteuerungen würden Sione und seine Freunde es nicht anders haben wollen. So hat Sione dank der Ruhe und des ach so sündigen Lebens während der sechs auf den Siebten folgenden Tage sechzehn Kinder gezeugt, und es sollten noch mehr kommen. Sione ist fest davon überzeugt, daß er mit einer großen Familie dem Allmächtigen einen hübschen Gefallen tut. Sagte Gott nicht zu Abraham, er solle so viele Kinder zeugen wie Sandkörner auf der Erde oder Sterne am Firmament? So war es, sagte Sione, und es gibt noch nicht einmal so viele Menschen in Tiko wie Sandkörner in einer Hand.

So kann Sione nicht anders, als sich gegen die Vereinigung für Familienplanung (VFP) und das, was sie repräsentiert, zu stellen. Als die Vereinigung über die Bevölkerungsexplosion sprach, gab Sione scharf zurück, daß es auf Tiko keine Explosionen gäbe außer denjenigen, die von den Hintern der VFP-Mitglieder losgehen würden. Als die Vereinigung den Gedanken äußerte, daß die Menschen sich weniger fortpflanzten, wenn sie weniger ruhten, entgegnete Sione, daß Ruhe und Fortpflanzung ein Geschenk Gottes an den Menschen seien und deshalb die VFP nichts angehe. Als die Vereinigung den Klerus anflehte, die sonntägliche Bürde zu erleichtern, so daß die Menschen an den übrigen Tagen zu Hause nicht so viel Zeit mit Ausruhen verbrächten, wollte der Klerus den Vorschlag nicht unterstützen, sondern erklärte: Erst wenn alle seine Schäfchen in den Himmel kämen, ruhten sie auch sonntags. An den anderen Tagen dürften sie ruhen, soviel sie wollten. Und das tun sie auch: zu Hause, im Busch, auf Stühlen, überall.

Sione beispielsweise fährt von Montag bis Freitag jeden Morgen in sein Büro, um auf dem Stuhl hinter dem Schreibtisch zu faulenzen. Um drei Uhr nachmittags eilt er dann nach Hause, um den Rest des Tags auf seiner Frau zu verbringen.

All dies ist der staatlichen Einrichtung nicht gerade förderlich, sagte der weise Mann von der Denkbehörde. Diese weisen Männer stellten einst einen Übersee-Experten ein, der prüfen sollte, ob die Möglichkeit bestünde, daß die Tikongs auch am Werktag arbeiten. Der Experte, ein gewisser Mr. Merv Dolittle von der Abteilung der Angelegenheiten für Ureinwohner, Canberra, Australien, interviewte ein halbes Dutzend VIPs, unter ihnen Sione Falesi.

Mr. Dolittle kam eine Stunde früher als vereinbart in Siones Büro, wo er ihn mit seiner Sekretärin Ana Taipe beim Kartenspiel antraf. »Bitte, kommen Sie herein, kommen Sie herein, Mr. Dolittle. Sie kommen etwas zu früh, nicht wahr?« Sione begrüßte seinen Gast ohne einen Anflug von Verlegenheit. »Möchten Sie mit uns spielen? Nicht? Wie schade. Dann nehmen Sie Platz. Wir halten nur gerade unsere Teepause ab.«

»Teepause?« fragte Mr. Dolittle und schaute auf seine Uhr. Es war neun. Seine Augen suchten das Büro nach Teetassen ab.

»Sie werden nichts finden, Mr. Dolittle. Wir haben kein Geld für Tee, weshalb wir die für eine Teepause vorgesehene Zeit mit Kartenspielen totschlagen. Wenn man nichts zum Beißen hat, kann man geradesogut mit den Fingern herumfummeln, das ist jedenfalls meine Meinung. Ana, wisch den Tisch ab und nimm die Karten mit. Braves Mädchen. Wir werden in der Mittagspause das Spiel wieder aufnehmen.«

Die Sekretärin verließ das Büro, und Sione wandte sich dem Experten zu. »Nettes Mädchen. Sie ist die raffinierteste Kartenspielerin in Tiko. Deshalb habe ich sie angestellt. Sie taugt sonst nicht viel. Die guten Sekretärinnen sind in Neuseeland.«

»Was macht Ana?«

»Verschiedenes, Mr. Dolittle. Sie und ich spielen jeweils in den Pausen am Morgen und am Mittag Karten. Oft kommen wir richtig in Fahrt und spielen dann einfach weiter. Was sind schon zwei Stunden?«

»Was macht sie sonst noch?«

»Verschiedenes, wie ich bereits sagte«, erwiderte Sione und zerbrach sich den Kopf über Anas positive Eigenschaften. »Sie ist eine verdammt gute Masseuse. Ich habe einen Bandscheibenvorfall, wie Sie sehen, und sie bearbeitet ihn seit fünf Jahren. Und das täglich. Sie ist Klasse, Sie müssen sie eines Tages ausprobieren.«

»Haben Sie an Ihrer Arbeit schwer zu tragen, Mr. Falesi?«

»O ja, sehr. Sie sollten mich am Sonntag sehen, wenn ich achtzehn Stunden durchgehend für Gott arbeite. Das Leben ist eine Last, eine enorme Last«, seufzte Sione schwer. »Aber man muß das Seine beitragen für den Allmächtigen. Er war sehr gut zu Tiko, man kann es überall feststellen …«

»Wie steht es mit den anderen Tagen?« unterbrach ihn Mr. Dolittle.

»Wie bitte? O ja, die anderen Tage, selbstverständlich. Nun, sehen Sie, Mr. Dolittle …« Sione hielt inne, als ob ihm plötzlich etwas in den Sinn gekommen wäre. Dann überzog ein großes Grinsen sein Gesicht. »Unglaublich!« stieß er hervor. »Wie wäre es damit?«

»Wie wäre es womit?«

»Ihr Name. Dolittle. Er ist so schön. Du lieber Himmel, Sie müssen einer von uns sein! Ana! Ana! Bring die Karten zurück!«

»Ich muß schon sagen, niemals in meinem ganzen Leben habe ich …« Mr. Dolittle begann Einwände zu erheben, dann aber besann er sich eines Besseren, erhob sich, entschuldigte sich und machte sich schnell aus dem Staub. Der Vorfall genügte vollends, um das Wesen des Problems zu erfassen. Mr. Dolittle beendete seine Mission noch am selben Tag, lud zu einer Pressekonferenz ein und erklärte, daß diese ganzen Einheimischen genau wie die australischen Ureinwohner ein enormes, unausgeschöpftes Arbeitspotential hätten; allerdings müßte die Regierung Seiner Exzellenz zuerst die protestantische Ethik importieren, zwei kleine Wörter, die bis dahin im Reich unbekannt waren, obwohl die meisten Tikongs Protestanten sind. Als Radio AP2U die vollständige Bedeutung der erwähnten Ethik erklärte, stellte sich die gesamte Bevölkerung plötzlich taub.

»Und Taubheit kommt von zuviel Ruhe«, erklärte Manu.

Wenn man zuviel ruht, wachsen einem zu viele Haare in den Ohren, die jedes Geräusch unterdrücken, nicht aber den süßen Ton des Schmeichelns. Deshalb sind die einfachen Leute, also die große Mehrheit der Tikongs, die geschicktesten Schmeichler im ganzen Pazifik: Sie haben viel Zeit damit verbracht. Und für die vielen wichtigen Personen, für die sogenannten Sesselkleber, weisen Männer, traumatisierten Experten, verschlagenen Händler und die zu ihnen passenden Schwarzröcke, ist die Schmeichlerei süßer als Speiseeis.

Einer dieser Sesselkleber ist selbstverständlich Manus gigantischer Verwandter Sione, Racheengel der Vereinigung für Familienplanung und Vater von sechzehn Kindern. An einem Montagmorgen saß Sione hinter dem Schreibtisch seines Büros. Die Tischplatte war blitzblank, und auf ihr lag nichts außer einer Ausgabe von »Penthouse«, die auf einer amerikanischen Yacht vor Tiko konfisziert worden war.

Siones Entwicklungshelfer, dem er all seine Arbeit übergeben hatte, betrat an diesem schönen Montagmorgen das Büro und gab bekannt, daß seine Organisation am Rande des Bankrotts stehe. Sione saß reglos da und starrte aus dem Fenster, nicht ein einziger Muskel bewegte sich. Er hörte nichts, er sah nichts; er war ganz in sich versunken wie immer an dem Tag, der dem Siebten Tag folgte.

Dennoch konnte der Entwicklungshelfer beobachten,

daß sich die langen Haare, die aus Siones Ohren ragten, aufstellten, sobald er seinen Mund öffnete, und so die Ohrlöcher ähnlich gut verstopften wie Manus Ohrstöpsel. Der Berater gab einige Gemeinplätze von sich, ging angewidert hinaus, irrte umher, um sich schließlich zusammengesackt über dem Tresen des Tikoclubs wiederzufinden, so wie immer.

Unmittelbar danach schlich Lea Fakahekeheke, der unterbezahlte Putzmann, ins Büro, pflanzte sich hinter Sione auf und flüsterte in sein Ohr: »Höchst respektierter Herr, die neuseeländische Delegation für Entwicklungshilfe, die letzten Freitag hier war, sagte mir, daß Sie der weiseste und hübscheste Mann der Welt seien.«

Noch bevor Lea seine Lippen bewegte, entwirrten sich die Haare in Siones Ohren, so, als ob sie wüßten, was sie da zu hören bekommen würden, und leiteten die honigsüßen Worte schnell in sein Hirn weiter. Plötzlich floß das Leben wieder in ihn zurück, er begann zu strahlen, jauchzte und umarmte Lea.

Dann öffnete er den Safe der Agentur, nahm zwei Fünf-Dollar-Scheine heraus, drückte sie in Leas halb widerstrebende Hände und befahl ihm, den Tag frei zu nehmen. Lea glitt überaus zufrieden davon. Fünfzehn Jahre lang und noch ein wenig länger ging Lea jede zweite Woche ins Büro, flüsterte hübsche Dinge in Siones Ohren, und der große Mann versäumte es nie, ihn regelmäßig mit mindestens zehn Dollar zu belohnen, was um einiges mehr war, als was er sonst in zwei Wochen verdiente.

»Und wer regiert wen in Tiko?« fragte Manu, ohne auch nur im entferntesten eine Antwort zu erwarten.

Übersetzt von Ina Boesch

Der gewundene Weg zum Himmel

»Religion und Erziehung zerstören die ursprüngliche Weisheit«, steht in schreienden Lettern auf der Rückseite von Manus Hemd. »Zuviel Fremdeinfluß«, steht auf der Vorderseite desselben Kleidungsstücks. Der Träger dieses Hemdes ist eine der bekanntesten Persönlichkeiten in Tiko; zwar ist Seine Exzellenz die berühmteste, aber Manu kommt gleich danach auf Platz zwei. So, wie die Dinge liegen, ist Manu der einzige Künder großer Wahrheiten im Königreich. Damit soll nicht gesagt sein, daß unser Land ein Volk von Lügnern beherbergt, wie einige uninformierte Fremde zu glauben scheinen. Weit gefehlt. Die Wahrheit kommt in Portionen zum Vorschein, in großen und kleinen, aber nie als ganze. Wie unsere Vorfahren sind wir geübte Künder von Halbwahrheiten, Viertelwahrheiten und Ein-Prozent-Wahrheiten. Als Tevita Alanoa seines Nachbarn Schwein stahl und, nachdem er erwischt worden war, unter Protest vorbrachte, daß er nur ein Bein gegessen habe, da sagte er eine Viertelwahrheit. Und als er behauptete, daß sein geschädigter Nachbar der Bruder seiner Mutter und er, Tevita, daher nicht eigentlich ein Dieb sei, da sagte er eine Halbwahrheit. Und als er dann abgeführt wurde und sagte, daß er Schweine des Bruders seiner Mutter nehmen dürfe, ohne zu fragen, und von seinem Onkel daraufhin einen Schlag auf die Nase erhielt, da sagte Tevita eine Ein-Prozent-Wahrheit.

Mit Halb- und Viertelwahrheiten kann man ganz gut über die Runden kommen, und in der Tat schlagen die meisten Menschen sich auf diese Weise fröhlich durchs

Leben; aber es ist nicht so einfach, mit einer Ein-Prozent-Wahrheit ungeschoren davonzukommen, wie Tevita mit blutverschmierter Nase feststellte. Schon das Verkünden einer Ein-Prozent-Wahrheit selbst erfordert ein gerüttelt Maß an Scharfsinn, wie man es nur erwirbt, wenn man sechs Jahre moderner Erziehung an einem kirchlichen College hinter sich gebracht hat.

Nehmen wir den Fall von Inoke Nimavave, der einen Scheck über 100 Dollar fälschte und einlöste. Vor Gericht argumentierte Inoke, nachdem er auf die Bibel vereidigt worden war, daß an allem der schielende Kassierer in der Bank von Tiko schuld sei. Gemäß seiner Verteidigung hatte der sehbehinderte Angestellte auf dem Scheck 100 Dollar gelesen statt, wie es richtig gewesen wäre, 1,00 Dollar; eine kleine Summe, die Inoke benötigte, um das Taxi zum Krankenhaus zu bezahlen, wo er seine sterbende Mutter besuchen wollte. Und warum er die neunundneunzigkommanullnull Dollar dem Angestellten der Bank von Tiko nicht zurückgegeben hätte, fragte der Richter. Inoke weinte und antwortete mit einer Frage, die so formuliert war, daß sie an jenem warmen, warmen Oktobermorgen allen im Gerichtssaal das Herz zerriß. Wie, so gab er zu bedenken, hätte er an Geld denken können, da doch alle seine Gedanken bei seiner armen Mama waren, die sich auf dem Weg zum Himmel befand? Ja, in der Tat, wie hätte er; und die Engel weinten, und der Richter weinte und verurteilte Inoke zu sechs Monaten Haft mit Zwangsarbeit. Der arme Inoke! Seine Mitgefangenen nannten ihn Null-Null, was höchst irreführend war, denn er war ein brillanter Rechner und einer der besten Absolventen des Potopoto College.

Wenn es schon schwierig ist, eine Ein-Prozent-Wahrheit zu verkünden, dann ist das Verkünden von Wahrheiten unter einem Prozent Lügen, und das ist fast unmöglich. Aus diesem Grund gibt es in Tiko kaum Lügner; sie können leicht am Geruch ausgemacht werden; und jedermann nennt sie »loi'elo«, was soviel heißt wie »stinkende Lügner«. Und da unser Volk schlechten Geruch haßt, besonders wenn er aus dem Munde kommt, lügen die Menschen hier selten.

Wer glaubt, daß die Wahrheit genau wie die Schönheit eine geradlinige und eindeutige Sache sei, sollte unser Land nicht besuchen, wenn er nicht genasführt oder verschaukelt werden und schließlich den Bach runtergehen will (letzteres natürlich nur im übertragenen Sinne, denn Bäche und Flüsse gibt es bei uns nicht). Die Wahrheit ist dehnbar und kann nach der einen oder nach der anderen Seite hin gebogen werden; man kann sie auch auf den Kopf stellen, in einen Kasten sperren und sich darauf setzen. Nur Manu geht den schmalen und geraden Weg, und niemand folgt ihm, da dieser Pfad allein in seinem Kopf existiert. Die meisten wirklichen Straßen auf unseren Inseln sind sehr schmal, sehr kurvenreich und voller Schlaglöcher. Das hält hier kein gebrauchter Bus aus Suva länger als sechs Monate aus. Es gibt ein paar gerade Straßen ohne Schlaglöcher, aber sie befinden sich alle im Busch, wo sie nutzlos sind. Die Heilige Schrift sagt, daß der anständige Mensch den geraden und schmalen Pfad beschreitet, aber ach, unsere geraden Straßen sind viel zu breit, weshalb sie hauptsächlich von Dieben benutzt werden, die sich an ihrer Nachbarn Gärten gütlich tun.

Alle Wege außerhalb Manus Kopf verstoßen gegen die Ordnung der Heiligen Schrift: Sie sind entweder gerade und breit oder schmal und kurvenreich. Und der begehbare Raum in Regierungsgebäuden ist für einen aufrechten Menschen noch gefährlicher: In jenen Büros gibt es keine

Pfade. Beamte suchen sich einen Weg zwischen unaufgeräumten Schreibtischen auszuhandeln und stoßen plötzlich mit Versuchungen zusammen, vor denen niemand durch ein »Vaterunser« geschützt werden kann.

Semisi Nokutu kam eines Tages nach dem Mittagessen vor allen anderen in sein Büro zurück. Er war ein typischer Beamter, halb ehrlich und halb vertrauenswürdig. Als er sich an diesem schönen, wunderschönen Nachmittag zwischen den unaufgeräumten Schreibtischen und den Aktenschränken hindurchschlängelte, stieß Semisi gegen irgend etwas, und ein brauner Briefumschlag fiel auf den Boden. Er hob den Umschlag auf, öffnete ihn, fand zweihundert Dollar und legte, als halbehrlicher Beamter, hundert Dollar zurück. Nach der Arbeit ging er heim, legte fünfzig Dollar für seinen jährlichen Beitrag zur Missionsarbeit zur Seite, bat Gott um Verzeihung, gab fünfundzwanzig Dollar für Bier aus und den Rest für duftige rosa Schlüpfer im Suva-Stil für seine Freundin.

Semisi machte immer alles halb. Und niemand außer ihm selbst und dem gütigen Herrn hätte je etwas von dem Zwischenfall erfahren, wenn sich nicht etwas höchst Unglückliches zugetragen hätte. Am Abend vor seiner Verabschiedung aus dem Staatsdienst, fünfundzwanzig Jahre nach den erwähnten Ereignissen, hatte Semisi einen Schlaganfall, der ihn linksseitig von Kopf bis Fuß lähmte. Er wurde auch noch halb verrückt und bekannte seine Sünden öffentlich, so auch die Geschichte mit dem Schreibtisch und dem Briefumschlag. Das bekam ihm nicht, und die Lähmung erfaßte auch seine andere Seite, er starb. Der Prediger verkündete an seinem Begräbnis, daß Semisi die Vergebung Gottes erlangt habe und in den Himmel gekommen sei …

»Und führe uns nicht in Versuchung …«, aber Geschäftsleute geraten so oft in Versuchung, daß niemand glaubt, es gäbe einen vermögenden Mann, der zugleich ehrlich ist. Ofa Kaka, früherer Besitzer der größten Flotte von Dreirädern in Tulisi und der vermögendste Erdnußhändler in ganz Tiko, war Schatzmeister im Stiftungsrat seiner Kirchengemeinde. Vor einigen Jahren hatte seine Gemeinde bei der jährlichen Missionssammlung zwanzigtausend Dollar eingenommen, wobei das meiste Geld von zermürbten und verfolgten Menschen kam, die in Neuseeland hängengeblieben waren. Am Morgen nach der Sammlung flog Ofa nach Pago Pago. Er nahm auch eine Aktentasche mit zweitausend Dollar auf die Reise, und das letzte, was von ihm bekannt wurde, war, daß er, als amerikanischer Samoaner verkleidet, nach Kalifornien ging und daß Gott ihn nicht zu sich rief.

Und, wie Manu sagt, nicht einmal die Geistlichkeit ist gegen Versuchung gefeit. Diese heiligen Männer leben in Dörfern mit Pfaden, die so schmal, gewunden und rutschig sind, daß nur jeweils ein Dorfbewohner sicher auf ihnen wandeln kann. Wenn in einer dunklen und mondlosen Nacht zwei Menschen auf demselben Pfad aus entgegengesetzten Richtungen kommen, muß zwangsläufig ein Unfall oder etwas Schlimmeres passieren. In einer solchen dunklen und mondlosen Nacht gingen zwei Wanderer unterschiedlichen Geschlechts aus entgegengesetzten Richtungen auf demselben Pfad. Einer von beiden war der örtliche Pastor. Zwangsläufig stießen die nächtlichen Wanderer zusammen, und am folgenden Tag wurde der Geistliche seines Amtes enthoben, weil er sich eines unchristlichen Aktes gegenüber einem Gemeindemitglied schuldig gemacht hatte. Eine Clique schmutziger kleiner Jungen, die von einem Raubüberfall auf irgendeinen Mangobaum zurückkamen, hatten die schreckliche Tat beobachtet. Der vormals heilige Mann verbannte sich selbst auf einen Bauernhof, der der Kirche gehörte, auf einer anderen Insel, wo er eine kurze Zeit damit verbrachte, Gott um Vergebung zu bitten, damit er dennoch in den Himmel käme.

»Und vergib uns unsere Schuld, wie auch wir vergeben unseren Schuldigern …« Vergebung ergießt sich schnell und großzügig wie Regen im März. Sie ist *die* christliche Tugend, die im ganzen Königreich am eifrigsten begehrt und am großzügigsten gewährt wird. Gott vergibt deine Sünden, um was auch immer es sich handeln mag, wenn du Ihn darum bittest. Und du mußt anderen vergeben, und zwar immer. Also vergibt jeder immer alles; und jeder vergibt zukünftige und vergangene Taten. Erst gestern vergab ich die Verfehlungen von Faihalas Ururgroßvater gegen meine Ururgroßmutter. Und als vor gar nicht langer Zeit fünf wichtige, sehr wichtige Persönlichkeiten entdeckten, daß sie sich gemeinsam eine halbe Million Dollar öffentliche Gelder verschafft hatten, die ihnen nicht zustanden, beteten sie zu Gott um Vergebung, vergaben sich gegenseitig und brauchten weder ihre sehr wichtigen Ämter abzugeben noch irgend jemandem das Geld zurückzugeben. »Dein ist die Herrlichkeit«, steht in schreienden Lettern auf der Rückseite von Manus Hemd.

Übersetzt von Johano Strasser

Alter Wein in neuen Schläuchen

Manus entfernter Verwandter Hiti George VI. hat ein Fahrrad – ein antiquiertes Ding, verglichen mit dem üblichen Standard in Tiko und überall sonst. Die Maschine ist eine original BSA, die Mitte der vierziger Jahre erbaut wurde und die Hitis Vater zu einer Zeit gekauft hatte, als die wackeren Bürger von Birmingham, England, noch stolze, rechtschaffene Leute waren und starke, unverwüstliche Fahrräder bauten, auf denen eine vierköpfige Tikong-Familie fahren konnte: Vater, Mutter und zwei Sprößlinge. Vater trat in die Pedalen, Mutter saß seitwärts auf der Stange, der Kleinste hockte, gehalten von seiner Mutter, auf dem Lenker, und der weniger kleine stand auf den Achsnaben des Rückrads und klammerte sich an Vaters Rücken. So fuhr die Familie zur Kirche, besuchte Verwandte oder radelte, wohin ihr Herz begehrte. Das waren die Zeiten, als es nur wenige Motorfahrzeuge in Tiko gab, fast jede Familie ihr Fahrrad hatte und die Arbeiter von Birmingham, England, starke, unverwüstliche BSAs bauten.

Hiti kam 1939 zur Welt, einige Monate bevor der König von England zum Kampf gegen den Führer von Deutschland aufrief wegen seines garstigen Benehmens gegenüber den Nachbarn. Das Kind wurde von seinem Vater, dem Nachkommen eines stolzen bayerischen Händlers des 19. Jahrhunderts und einer einheimischen Dame aus gutem Haus, aber zweifelhaften Rufs, Hitler genannt. Als aber der König dem Führer den Krieg erklärte, änderte der Vater flugs den Namen seines Sohnes, indem er die letzten drei Buchstaben strich und ein »i« hinzufügte, zum einen, weil

Tiko Teil des Großen Britischen Reichs war, vor allem aber, weil die Tikong-Regierung die Nachkommen von Bayern beim geringsten Anzeichen von Stolz auf den Führer als verdächtige feindliche Agenten hinter Gitter brachte. Der Vater ging sogar noch weiter, setzte »George VI.« hinter den neuen Namen seines Sohnes und deklarierte hiermit seine Treue gegenüber dem König von England und gegenüber Seiner Exzellenz, dem Großen Häuptling von Tiko und Großen Freund Britanniens und des Empire.

Hiti liebt alte Dinge, insbesondere seine alte BSA. Er wuchs buchstäblich auf dem englischen Fahrrad auf, das sein Vater 1945 gekauft hatte, um des Siegs über den Führer zu gedenken. Die vierköpfige Familie fuhr mit dieser Maschine überall hin. Zuerst hockte der kleine Hiti auf dem Lenker, dann, als er älter wurde, durfte er hinten stehen und sich an der großzügig bemessenen Taille seines Vaters halten. Als er mit neun radfahren lernte, kaufte sein Vater, ein ziemlich rechtschaffener und vermögender Mann, eine neue BSA und gab Hiti die alte. Hiti besitzt die antiquierte Maschine noch heute und behandelt sie mit zärtlicher Fürsorge. Wann immer ein Kummer an ihm nagt, schwingt er sich auf sein Fahrrad und strampelt durch ganz Tulisi und die umliegenden Dörfer, bis er wieder zur Ruhe kommt.

Das Fahrrad ist eines der unzähligen alten Dinge, mit denen sich Hiti umgibt. Wie neunundneunzig Prozent seiner Landsleute liebt es Hiti, neuen Dingen unverzüglich einen sehr alten Anstrich zu geben, damit er sie von ganzem Herzen lieben kann. Neben seinem alten Fahrrad hat Hiti beispielsweise eine kleine Toyota-Limousine, die er vor achtzehn Monaten ganz neu für den Transport seiner neunköpfigen Familie – nicht eingerechnet die bunte Schar von Onkeln, Tanten, Neffen und Nichten – gekauft hat. Kaum hatte er das Vehikel erstanden, das für nicht mehr als vier kleine, schmächtige Japaner gemacht ist, füllte es Hiti sofort mit sechs kräftigen Tikongs. Innerhalb weniger Monate wuchsen die Tikongs, und der Toyota schrumpfte. Die beiden Rückspiegel und die Radkappen sind verschwunden, und fast die ganze Farbe ist weg. Die Sitze sind zerrissen, ein Seitenfenster ist eingeschlagen, und der Motor ist mit Hühnerdraht zusammengebunden und mit Pflastern geflickt. Das Auto wirkt sehr alt und sehr hinfällig, und Hiti liebt es von ganzem Herzen. Nun kümmert er sich rührend darum, und die Toyota-Limousine wird wie manch anderes Motorfahrzeug in Tiko während der nächsten fünfzehn Jahre durch die Gegend zuckeln, obwohl ihre Hersteller nur eine Lebensdauer von sieben Jahren vorsahen.

Hiti liebt auch Menschen – nachdem er sie alt gemacht hat. Zwei Beispiele mögen dies illustrieren. Mit zwanzig begann Hiti ein zügelloses Leben, obwohl er auf dem Felde des Geistes, der Moral und der Religion der Beste seiner Schule war. Jedes Jahr gewann Hiti die drei wichtigsten Preise: Erster der Klasse, Erster im Benehmen und Erster in Bibelkunde. Aufgrund seines Zeugnisses dachten sein Vater, seine Mutter und die ganze Großfamilie, daß er es durchaus zum Minister oder zum Präsidenten der Sabbatisten-Kirche bringen würde. Hiti wurde weder das eine noch das andere und hat keine Chance, je das eine oder das andere zu werden. Mit zwanzig entdeckte er das Vergnügen an Dingen, die weder gut noch rein waren, begann verbotene Früchte zu kosten und wilde Samen zu säen. Er kostete und säte so reichlich, daß er innerhalb von fünf Jahren mit sieben ehemaligen Jungfrauen neun niedliche Kinder gezeugt hatte. Er ging nicht mehr zur Kirche, wurde Alkoholiker und beschimpfte seine Eltern. Er wurde als Prediger entlassen, seiner lukrativen Stelle enthoben und dreimal wegen ungebührlichen Verhaltens ins Gefängnis gesteckt.

Aus Scham und Kummer wurden die Eltern über Nacht alt; ein Nervenzusammenbruch trieb seine Mutter mit achtundvierzig in die Senilität, und ein Herzleiden beschleunigte seines Vaters Niedergang. Eines Tages, als er zufälligerweise nüchtern war, schaute Hiti seine verhutzelten Eltern an und seine alte BSA und schluchzte und schluchzte voller Reue. Eine Woche später wurde er ein Prediger, entsagte seinen sündigen Gewohnheiten und gleichzeitig seiner Individualität, schnitt seine Haare, trug sehr tadellose Kleider und eine kurze, glänzende Krawatte. Es währte nicht lange, und er klopfte als Missionar drei Jahre lang die Straßen von Tulisi ab, um zügellose Sabbatisten zu bekehren. Mit der Gesundheit seiner Eltern ging es wieder etwas aufwärts, sie blieben aber vorzeitig gealtert; und Hiti liebt sie von ganzem Herzen.

Über Familienbeziehungen und alte Schulverbindungen bekam Hiti seine alte Stelle wieder, aber der Alkohol hatte in seinem Hirn einen solch verheerenden Schaden angerichtet, daß er komplett unfähig war und deshalb auf einen höheren Posten befördert wurde, wo die meiste Arbeit von einem Berater aus Abingdon, England, gemacht wurde. Mr. Charles Edward George Higginbotham war ein kleiner, dünner Mann mit hängenden Schultern von fünfunddreißig Jahren, der aussah, als wäre er noch keine sechzig, und Hiti, der ihn in kurzer Zeit alt und weise gemacht hatte, liebte ihn von ganzem Herzen.

Mr. Higginbotham war der Sohn eines mächtigen Adligen, der mittels Familienbeziehungen und alter Schulverbindungen Charles Edward im Staatsdienst unterbrachte und hoffte, daß aus ihm eines Tages der Direktor einer großen Abteilung würde. Der junge Charles teilte diese Hoffnung und bemühte sich eifrig. Aber sein Ehrgeiz war so offensichtlich, daß seine erschreckten Vorgesetzten den geheimen Plan faßten, ihn so weit als möglich von London wegzuschicken, möglichst ans Ende der Welt. Als ein Beraterposten in einem entlegenen armen Land ausgeschrieben war, empfahlen sie ihn enthusiastisch. Bereitwillig akzeptierte er die Abordnung auf fünf Jahre, nicht etwa weil er den Sonnenschein liebte, sondern weil er von der Agentur für die Koordination Internationaler Hilfe jährlich dreißigtausend Dollar steuerfrei kriegen würde, was siebenmal mehr war als sein Gehalt als Beamter des Königs von England.

Die großzügige Entlohnung enthielt Zulagen für das Leben fern der geliebten Heimat; für den erzwungenen Verzicht auf den zivilisierenden Einfluß des Fernsehens; für die Unannehmlichkeit, mit Küchenschaben, Ratten und dürren Hunden leben zu müssen; für die Preisgabe einer reinen, empfindlichen Haut an Moskitos, Käfer und Sandflöhe; für das Risiko, sich mit ausländischen Krankheiten anzustecken wie Cholera, Typhus und Tripper; und schließlich für die Gefahr, von unersättlichen einheimischen Nymphomaninnen übel zugerichtet zu werden.

Bei seiner Ankunft in Tiko wurde Mr. Higginbotham beauftragt, Hiti George VI. zu beraten. Charles Edward entdeckte bald, daß sein Beamtenethos demjenigen von Hiti ganz und gar entgegengesetzt war. Während der zweiten Arbeitswoche schöpfte er den Verdacht, daß ungefähr jeder im Büro ein Onkel oder ein Cousin oder ein Neffe oder eine Nichte von Hiti war.

»Ist hier eigentlich jeder mit Ihnen verwandt?«

»Wir sind eine einzige große Familie.«

»Ist das nicht eher eigenartig?«

Hiti war betroffen. »Sie sind doch nicht etwa kritisch eingestellt gegenüber unserem Familiensystem?«

»Ganz und gar nicht. Das würde mir nicht im Traum einfallen. Dennoch sollte man nicht die eigenen Verwandten für Staatsstellen rekrutieren. Es ist nicht sehr ethisch, wenn Sie mich fragen«, sagte Charles Edward und vergaß, wie er seine Stelle in London bekommen hatte.

»Was ist unethisch dabei, deinen Verwandten und Freunden zu helfen? Schau die anderen Büros an. Schau die Kirchen an. Lauter große, glückliche Familien.«

»Ich verstehe«, sagte Charles Edward und versuchte, sein Erstaunen zu verbergen.

»Ich frage mich«, riskierte er nach einer Weile zu sagen, »ich frage mich, was mit dem Staatsdienst und den Kirchen geschehen wird, wenn diese Familien nicht gerade sehr schlau sind?«

»Andere Familien *sind* nicht sehr schlau!« schoß Hiti zurück und beendete damit die Diskussion.

Charles Edward war sprachlos. Er wollte noch etwas sagen, gedachte aber der dreißigtausend Dollar, die er nicht gefährden wollte. Er ging sehr beunruhigt nach Hause, und in dieser Nacht befiel ihn eine schlimme Migräne, die ihn fortan begleiten sollte. So begann Charles Edwards Niedergang.

Einige Tage später kam er ins Büro und fand nur Hiti vor.

»Wo sind all die anderen?«

»Am Fest.«

»Was für ein Fest, wenn ich fragen darf?«

»Ein Familienfest.«

»Wollen Sie damit sagen, daß alle während der Arbeitszeit zu einem Familienfest gegangen sind?«

Hiti tat so, als ob er nicht zuhörte. Charles Edward schaute hinaus auf den leeren Parkplatz. »Ich nehme an, die Amtsfahrzeuge sind ebenfalls zum Fest gegangen?«

»Das ist richtig.«

»Warum, um Himmels willen?«

»Um die Angestellten hin- und zurückzutransportieren.«

Charles Edward traute seinen Ohren nicht. »Aber Amtsfahrzeuge haben nichts mit privaten Familienangelegenheiten zu tun.«

Hiti starrte bloß vor sich hin und verpaßte ihm mit seinem Schweigen die Behandlung, die sich in Tiko schon seit langem für lärmige Ausländer bewährt hatte. Sprachlos, ohnmächtig und zutiefst aufgebracht stolzierte Charles hinaus, ging nach Hause und trank eine ganze Flasche Whisky. Er betrank sich am nächsten Tag und am Tag danach, und bald kam er von der Flasche nicht mehr los. Ereignisse, die seinen innersten Vorstellungen fremd waren, türmten sich über ihm auf und forderten von Charles Edwards Körper und Geist ihren Zoll. Nach seinem ersten Amtsjahr war er bereits ein kranker, alter Mann, und Hiti begann ihn von ganzem Herzen zu lieben.

Hiti sorgte dafür, daß Charles Edward seine Ruhe hatte und kaum je durch Aufträge behelligt wurde. Was zu Streit oder Problemen führen konnte, und das traf auf ungefähr alles zu, schleuste er an seinem Schreibtisch vorbei. Und Hiti stellte einen Freiwilligen des Peace Corps an, dem er praktisch die ganze Last aufbürdete.

Als für Charles Edward der letzte Tag in Tiko kam, organisierte Hiti ein Abschiedsfest. Es begann um zehn Uhr morgens mit einem zweistündigen Dankesgebet durch einen Geistlichen, gefolgt von vier Stunden mit Reden von Hiti und jedem Verwandten, der im Büro arbeitete. Das Fest endete um fünf Uhr abends mit einem einstündigen Abschlußgebet, das wiederum vom besagten Geistlichen gesprochen wurde.

In dieser Nacht fürchtete Charles Edward, Hämorrhoiden bekommen zu haben, weil er während des Fests zu lange auf dem feuchten Boden gesessen hatte. Er litt auch an einer Nahrungsmittelvergiftung und akutem Durchfall vom kalten Huhn und vom gebratenen Schwein. Am nächsten Morgen verabschiedeten sich alle Angestellten von ihrem Berater, der so krank, so jämmerlich und so alt aussah, daß alle, am meisten aber Hiti, Ströme von Tränen vergossen, als sie ihm zum Abschied winkten. Es war der bewegendste Abschied, der je am Tikomalu International Airport inszeniert worden war. Charles Edward George Higginbotham, ein alter Mann von vierzig und geliebt von Hiti George VI., starb auf dem Flug BG320 zwischen Tiko und Auckland.

Unterdessen war Hiti vom Flughafen ins Büro zurückgekehrt, um mit dem Freiwilligen des Peace Corps, der sich als hoffnungsloser Fall entpuppt hatte, ein ernstes Wort zu reden. Dieser Freiwillige, jung und ein erprobter Aussteiger aus seiner wachstumswahnsinnigen Gesellschaft, weigerte sich hartnäckig, sich von irgendwas aus der Fassung bringen zu lassen. Niemand liebte ihn, denn er blieb trotz allem Ungemach hartnäckig jung. Da er unter den aalglatten polynesischen Emigranten in Oakland, Kalifornien, aufgewachsen war, kannte der Volontär den Schlüssel zur Südseekultur so gut, daß er seine Mitarbeiter in ihrem eigenen Spiel übertrumpfte. Wenn sie die Amtsfahrzeuge einmal im Tag für den persönlichen Gebrauch nahmen, tat er es zweimal im Tag, wenn sie zweimal in vierzehn Tagen krankheitshalber fernblieben, tat er es viermal und verbrachte dabei die meiste Zeit im Tikoclub bei Bier und Snooker. Wenn ausländische Berater an privaten Partys, zu denen keine gewöhnlichen Tikongs geladen waren, triefend vor Rechtschaffenheit die wuchernde Korruption und die Vetternwirtschaft im Königreich beklagten, zuckte der Freiwillige vom Peace Corps störrisch mit den Schultern und sagte: »So, was gibt es Neues in der Welt?« Und Hiti, dem es nicht gelungen war, ihn in die Selbstzerstörung und damit in ein frühes Alter zu treiben, verachtete ihn zutiefst.

Da er mit diesem gerissenen Amerikaner nicht klargekommen ist, hat Hiti wieder angefangen, mit seiner alten BSA durch ganz Tulisi und die angrenzenden Dörfer zu fahren und Trost im Anblick der ihn umgebenden Schäbigkeit und Baufälligkeit zu suchen. Die neu geflickten Straßen, auf denen er radelt, sind so staubig und voller Wasserlöcher, daß die Geschwindigkeitsbeschränkung von dreißig Meilen pro Stunde, die für die ganze Insel gilt, ein Hohn ist: Nichts kriecht schneller als zwanzig Meilen in der Stunde, außer es ist ein neues Fahrzeug, das sein Besitzer in Windeseile altern lassen will. Die meisten Häuser entlang von Hitis Fahrradrouten, die kürzlich mit Geld von Saisonarbeitern in Neuseeland gebaut wurden, sind bedeckt von Staubschichten und Schimmel und sehen höchst antiquiert aus. Andere werden mit langen Bambusrohren gegen die sanfte Brise abgestützt. Und Hiti liebt sie alle: die Straßen, die Häuser, die dürren Hunde, die gealterten Jungen, die gesunden Schmuddelkinder, alle und alles, was er von seinem Fahrrad aus sieht, außer … außer diese Landstücke in jeder Siedlung, die über und über von schimmerndem Sand bedeckt sind. Diese Fluren von sandigen Hügeln, die saubersten, weißesten, frischsten und einzigen gut unterhaltenen Dinge im ganzen Land sind die glänzenden Friedhöfe von Tiko.

»Gott segne die Pharisäer!« schrie Manu, als er Hiti auf seiner brandneuen Hercules überholte.

Übersetzt von Ina Boesch

Der Turm zu Babel

»Tiko kann sich nicht entwickeln«, erklärte Manu, »es sei denn, man tötet die alten Götter.«

»Aber die alten Götter sind tot. Die Sabbatisten haben sie vor langem getötet«, entgegnete der alte Prediger.

»Glauben Sie das nicht, Sir. Wenn sie gestorben wären, wäre Tiko schon längst entwickelt. Schauen Sie sich doch um«, riet Manu.

Der alte Prediger schaute sich um und sah nichts; er schaute sich selbst an, seine zerlumpten Kleider, seine zusammengeflickten Secondhandsandalen, und schüttelte eher zweifelnd den Kopf. Er wünschte, entwickelt zu sein. »Und wie erschlägt man die alten Götter?« fragte er vorsichtig.

»Versuchen Sie es erst gar nicht, Sir, es bringt nichts«, erwiderte Manu. »Töten Sie lieber die neuen.« Und, kurz gesagt, ist es genau das, was Manu tut. Er möchte die alten Götter am Leben erhalten und die neuen erschlagen. Mit seinem Fahrrad radelt er zum International Nightlight Hotel, zur Bank von Tiko und durch ganz Tulisi, ein einsamer Rufer in der Wüste, der gegen den Fortschritt wettert, doch die ganze Hauptstadt gleicht einem Friedhof.

Und Manu beschimpfte den Doktor der Philosophie, der kürzlich in Australien seine Studien abgeschlossen hatte. Der gute Doktor forscht für den Fortschritt. Er ist ein korpulenter Mann, der – zu früh für sein Alter – zu einem dicken Bauch neigt, und er schaut aus wie ein komischer Kauz mit seiner stets gegenwärtigen Pfeife, die aus seinem bärtigen und fleischigen Gesicht ragt. Der Doktor ist ein Experte, obwohl ihm nie klargeworden ist, wofür er eigentlich Experte ist. Ist auch egal, auf den sanften Inseln von Tiko gehört man, als höchst Gebildeter, zur Elite, ist Experte und obendrein ein weiser Mann.

An einem sternenklaren Abend spazierte der korpulente Doktor in Tulisi auf einer staubigen Straße. Er hatte sich den Gang derjenigen zu eigen gemacht, die Tiko höher bauen wollen als den Turm zu Babel. Stolz schritt der gute Doktor aus. Da zerschnitt, völlig unvermittelt in dieser klaren Nacht, eine scharfe Stimme die Stille: »WARUM ZERSTÖREN SIE MEIN LAND?« Es war Manu, der die Kunst des Stichelns beherrscht.

Manu beschimpfte auch den großen Sekretär, einen jungen Mann mit einem irrsinnigen Wuschelkopf. Der Sekretär ist eine höchst wichtige Person, ein Experte, gehört zur Elite und ist obendrein ein weiser Mann. Diese glückliche Mischung von vier so wichtigen Elementen machten aus dem jungen Sekretär einen vermögenden Mann mit einer glänzenden und vielversprechenden Zukunft.

An einem sonnigen Tag fuhr er durch die Hauptstraße der Innenstadt Tulisis, winkte allen zu, und alle winkten zurück, weil sie von seiner Freundlichkeit und Bescheidenheit beeindruckt waren. Bei weisen Männern wie ihm, kurz bei jedermann, liegt die Entwicklung des Königreichs in guten Händen. Der Sekretär fuhr zur Bank von Tiko, um fünzigtausend Dollar für die Finanzierung des großen Entwicklungsprojekts abzuheben. Er war sehr zufrieden mit sich selbst. Da spaltete plötzlich eine scharfe Stimme den dampfenden Asphalt: »TIKO HASST SIE!« Der Sekretär war so überrascht, daß er mit seinem Auto in einen alten Samanbaum krachte, der neben der Bank von Tiko stand. Die Stimme gehörte Manu, der weiß, wie man einen Mann die Bäume hochgehen läßt.

Man kann Tiko nicht entwickeln, sagte Manu mit der

Gewißheit eines Wissenden. Aber die weisen Männer von Tiko wollen alles entwickeln – alles, nur nicht den Sex. Der Sex ist schon genug entwickelt; warum hätte Tiko sonst die höchste Bevölkerungszuwachsrate im Pazifik? War zudem nicht der Sex verantwortlich für das Fiasko des Fischkonservenprojekts?

Das große Konservenprojekt entstand im Zusammenhang mit dem Fischerschiff *Maumau Taimi,* das urspünglich aus Japan kam und ein Gefrierabteil hatte für hundert Tonnen Thunfisch. Unter japanischer Flagge fuhr es zwanzig Jahre lang in den pazifischen Gewässern, bevor die Besitzer sich entschlossen, daß sie es ihren bedürftigen ausländischen Freunden in Tiko schenken könnten, anstatt es zum Alteisen zu werfen.

Die Besatzung der *Hata Maru* – der Name, unter dem das Schiff in Tokyo registriert war – bestand aus japanischen Männern, von denen keiner jünger als fünfundsechzig war. Die alten Matrosen, deren sexuelle Triebe schon längst versiegt waren, wie man in den Häfen des Orients zu sagen pflegt, gingen normalerweise drei oder vier Monate zur See, bis das Hundert-Tonnen-Gefrierabteil bis zur Luke mit Thunfisch gefüllt war.

Als der japanische Abgesandte das Schiff in Tulisi der Regierung Seiner Exzellenz übergab, lüftete er das Geheimnis ihrer raffinierten Fangmethode nicht. Die Japaner, deren Land von einer Gerontokratie regiert wird, wollten nicht, daß irgend jemand erfährt, ihre alten Männer taugten für die Frauen eigentlich kaum noch. Sie wollten ihr Gesicht nicht verlieren.

Die Ankunft des Schiffs weckte die große Erwartung, daß Tiko innerhalb kürzester Zeit eine Nation mit einer Fischkonservenfabrik sein würde. Mittlerweile liegt das Schiff *Maumau Taimi* seit zehn Jahren da, aber eine Konservenfabrik gibt es noch immer nicht. Man hätte es schon vor langem Neuseeland als Entwicklungshilfe schenken können, doch die weisen Männer in der Denkbehörde wollen nicht ihr Gesicht verlieren.

Was aber steckt hinter diesem Fehlschlag? »Sex«, meinte Manu, ohne zu zögern. Und er hat recht. Die Ankunft des Schiffs fand zu einer Zeit statt, in der man beunruhigt war über die vielen jungen Männer, die auf den Straßen von Tulisi herumlungerten und nichts taten, das behaupteten jedenfalls die hohen Beamten. Tatsächlich aber hatten die jungen Männer viel, vieles getan, beispielsweise waren sie dauernd auf der Suche nach ein bißchen Sex, aber die zuständige Behörde wollte dies nicht an die Öffentlichkeit bringen, aus Angst, das Gesicht zu verlieren. Und die zuständige Behörde überzeugte die jungen Männer, sich auf dem eben erst übernommenen Schiff anheuern zu lassen, um endlich etwas zu tun und einen Beitrag zur Entwicklung Tikos zu leisten.

Die ersten ihrer geplanten neunzig Tage zur See waren sehr schön, und die folgenden Tage waren ebenfalls sehr schön. Aber als die zweite Woche sich dem Ende neigte, wollten die notleidenden Jugendlichen unbedingt nach Hause und wollten unbedingt ein bißchen Sex. In der dritten Woche konnte sie nichts mehr halten, und das Schiff kehrte mit lediglich vier Tonnen Thunfisch in den heimatlichen Hafen zurück. Die Kosten der Fahrt beliefen sich auf nahezu achttausend Dollar, und der Verkauf des Fangs brachte nicht einmal zweitausend ein. Niemand sagte etwas, niemand tat etwas, keiner wollte das Gesicht verlieren, nachdem sich das Schiff *Maumau Taimi* auf seine Tikong-Jungfernfahrt hinausgewagt hatte.

Um aus dem Königreich eine Nation mit einer Fischkonservenfabrik zu machen, mußte man wegen des Gleichgewichts nicht nur die Oberen, sondern auch die Unteren entwickeln. »Ein schön abgerundetes Unten unter einem schön abgerundeten Oben ist Schönheit, die es anzustreben lohnt«, erklärte Manu und dachte dabei aber nicht an Büchsenfisch.

Die Verantwortung für die Entwicklung der Unteren ging an einen Alvin (Sharky) Lowe aus Alice Springs, Australien. Mr. Lowe gehörte zu diesen umgänglichen Typen und wollte einfach nur Sharky genannt werden. Er war ein großer Experte mit lebenslanger Erfahrung im Umgang mit Einheimischen auf Neuguinea, der Donnerstaginsel, und in einer gewissen hügligen Siedlung außerhalb seiner lieblichen Heimatstadt Alice Springs. Er hatte ein gutes Gespür für die kleinen Leute entwickelt, was er demonstrierte, indem er jeden verängstigten Teilzeit-Schmalspurfischer an den Stränden von Tulisi packte und ihn freundlich zwang, viertausend Dollar Entwicklungsdarlehen von der zuständigen Behörde anzunehmen. Und wie dem großen Hirten von Nazareth gelang es Sharky, aus vielen verängstigten Kerlen Fischer zu machen.

Ein solch verängstigter Schmalspurfischer war Ika Levu, der zufälligerweise auch Schmalspurgärtner war. Seine Doppelbeschäftigung bedeutete, daß Ika arbeitete, wann immer es ihm beliebte; und er hatte sehr wenig Geld, was ihm überhaupt nichts ausmachte. Ika war nicht unglücklich, bis Sharky sich seiner annahm: Es sei seine heilige Pflicht, dieses Land zu entwickeln, sagte Sharky.

Mr. Lowe war ihm eines Tages an einem Strand begegnet, wo er ein leckes altes Fischerboot abgedichtet hatte. »Hallo, du. Ich bin Sharky, und ich bin der Berater der Fischerei-Graswurzel-Entwicklung. Sprechen Sie Englisch?«

»Eh, ein biiißchen.«

»Sie nicht können sprechen Englisch gut?« Sharky wechselte in die Sprache, die er normalerweise mit einfachen Einheimischen sprach.

»Eh, ein biiißchen.«

»Wie du heißen?

»Eh, ein biiißchen.«

»Biiißchen? Du nicht biiißchen! Du großer Kerl! Schau, ich versuchen noch einmal.« Sharky atmete tief ein, dann fing er nochmal an, diesmal ganz langsam und ganz deutlich. »Nun, verstehstemich, wie du heißen. Kapiert? Heißen Joe? Oder Jack? Oder ...«

»Ui, ich Ika Levu.«

»Verdammt guter Name. Ich lieben sehr. Du gehen fischen manchmal?«

»Eh, ein biiißchen.«

»Gut, gut. Nun stell dir mal vor, du helfen mir entwikkeln Land, das gehört dir, du helfen mir fangen viel guten Fisch. Verstehstemich?«

Ika verstand nicht ganz, also zuckte er mit den Achseln und wandte sich ab. Sharky packte ihn bei den Schultern, drehte ihn um und ließ sein ganzes Verkaufstalent spielen. »Deine Pflicht sein Tiko helfen, verdammt reiches Land werden. Stell dir vor, du Tiko helfen, auch mir helfen. Wenn mir helfen, du kriegen ein verdammt großes Darlehen, dann du kaufen neues Boot und Fischernetze und Leinen und Haken und Schwimmer. Viele Dinge du können kaufen. Dann du gehen fangen großen guten Fisch, dann du verkaufen, und du viel Geld machen, und du können kaufen sechs prächtige Marys in International Nightlight Hotel, stoßenstoßen, immerzu und immer gut! Ich denken, du verdammt gescheiter Mann. Du stark oben, du stark unten wie vier verdammte Zuchtbullen. Nun du arbeiten mit mir wie Bruder. Ich großer Bruder, du kleiner Bruder. Du mir helfen, Tiko sein verdammt reiches

Land. Du viel Speiseeis und süßer Regen vom Himmel. Kapiert?«

»Ich nich wissen.«

»Du nicht können mich verstehen? Herrgott! Ich sprechen, sprechen und einfach sprechen, dann du nicht können mich verstehen! Wasislos? Ich denken, denken, aber in deinem Kopf zuviel Mist, nicht gut! Also, ich nochmals versuchen, du nun versuchen verstehen, oder ich schlagen deinen Niggerkopf ein, klar?«

So wiederholte Sharky mit der unendlichen Geduld und Freundlichkeit eines erfahrenen Einheimischenführers das ganze Prozedere noch einige Male, bis Ika die Botschaft kapiert hatte. Ika war durch und durch verängstigt und verwirrt, gleichzeitig aber auch geschmeichelt. Keine wichtige Person hatte je zuvor seine Hilfe ersucht, geschweige denn zu ihm gesprochen. Und obwohl Ika voller Zweifel war, bat er Gott um Unterweisung und willigte ein, das Darlehen zu akzeptieren.

Mit Sharkys Hilfe erstand Ika ein 12-PS-Rendo-Außenbordmotorboot, ein über fünf Meter langes importiertes Fischerboot, sechs große Netze und Dutzende von Leinen und Haken, und alle kamen von den Firmen in Japan und Australien, die Sharky vertrat.

Als Ika nun richtig ausgerüstet und anständig darauf vorbereitet war, sein Leben lang große Fische zu fangen, ging Sharky zum nächsten Fischer und von diesem zum nächsten. Am Ende seiner Auftragstour hatte Sharky tausend Fischer mit tausend Rendo-Außenbordmotoren, tausend importierten Fischerbooten, sechstausend großen Netzen und Zehntausenden von Leinen und Haken ausgerüstet und auf den großen Fang vorbereitet. Sharky hatte für die Fischer auch einen Erste-Hilfe-Posten mit Ersatzteilen und einem Lager von Rendo-Motoren, importierten Schlauchbooten und großen Netzen eingerichtet, die alle von diesen Firmen in Japan und Australien kamen, die Sharky als einziger Vertreter im Südpazifik repräsentierte. Indem er Tiko half, sich zu entwickeln, trug er großzügigst auch zur Entwicklung seiner selbst und seiner Firmen bei.

Na, und Ika, der verängstigte kleine Mann, hatte der sich wirklich aufgemacht, seiner heiligen Pflicht zu folgen und sein Land zu entwickeln? Sobald er seine Fischereiausrüstung bekommen und sich stark verschuldet hatte, ließ Sharky ihn fallen und vergaß ihn. Niemand dachte daran, ihn zu unterweisen, so daß er in allem schmalspurig blieb. Wie all die anderen Fischer traf auch Ika nie die Angestellten der zuständigen Behörde, die waren einfach unsichtbar.

Als Ika das erste Mal versuchte, sie zu Gesicht zu bekommen, war er so nervös, daß er zwanzig Minuten vor der Bürotür stand, bevor er genügend Mut beisammen hatte, um anzuklopfen; und sein Klopfen war so leise, daß man es kaum hörte. Dann vergingen weitere zwanzig Minuten, bevor er genügend Mut aufbringen konnte, die Tür ein ganz wenig zu öffnen und verstohlen hineinzugucken. Eine pummelige Rezeptionistin saß nur drei Meter von ihm entfernt an einem Schreibtisch und sprach mit einem Mitarbeiter. Ika räusperte sich, um ihre Aufmerksamkeit auf sich zu ziehen.

»Was wollen Sie?« fragte die Rezeptionistin, offensichtlich über die Unterbrechung verärgert. Sie hatte erst an diesem Morgen nach einem zweimonatigen Mutterschaftsurlaub ihre Arbeit wieder aufgenommen.

»Bitte, Fräulein. Ich möchte mit jemandem sprechen ...«

»Er ist nicht da. Kommen Sie morgen wieder.«

»Entschuldigen Sie bitte, Fräulein, ich denke, es ist wichtig. Es handelt sich um die Abzahlung des Darlehens, das ich von diesem Büro bekommen habe.«

»Nun, dann kommen Sie rein, ich werde Sie schon nicht auffressen. Haben Sie die Rate bei sich?«

»Darüber möchte ich ja gerade mit jemandem sprechen. Schauen Sie, ich habe nichts bei mir.«

»Ach so. Das diskutieren Sie besser mit dem stellvertretenden Sekretär. Mele«, rief sie zu jemandem im Hauptbüro, das hinter ihr lag, »ist der s. S. da?«

»Nein, er ist nach Wellington zu einer Konferenz gegangen. Wird in zwei Wochen zurück sein.«

»Und was ist mit dem Direktor?«

»Ist mit dem Minister nach Genf geflogen. Sie werden nächsten Monat zurück sein, nachdem sie die Tagungen in Rom, Tel Aviv, Neu-Delhi, Djakarta und Sydney besucht haben. Die haben Schwein, ihre Taschen werden nicht groß genug sein für all die Reisezuschüsse. Warum können die nicht einmal zur Abwechslung uns schicken?«

»Und Dau Yali?«

»Dieser Idiot ist in London für ein sechsmonatiges Training. Er hat keinen Grips, aber er ist der Cousin des Direktors. Sie sind alle in Übersee, die ganze verdammte Mannschaft.«

»Aber wer hält denn die Festung?«

»Wer denn, wenn nicht wir?«

Die Rezeptionistin wandte sich zu Ika. »Nun, Sie haben gehört, wie die Situation ist. Gehen Sie nach Hause und kommen Sie in einem Monat wieder. Schauen Sie nicht so deprimiert drein, um Gottes willen. Das ist nichts Neues. Nun gut, ich werde es bei den Leuten unten versuchen. Vielleicht können die Ihnen helfen.«

Sie nahm den Hörer und wählte eine Nummer. »Seini? Susana. Sehr gut, danke, und du? Das ist gut, aber übertreibe nicht. Hör mal, ist Vakarau Dro da?«

»Nein«, sagte die Stimme am anderen Ende, »er liegt mit

Gicht im Bett und wird für den Rest der Woche nicht da sein.«

»Aber er wird nächste Woche wieder zurückkommen, nicht wahr?«

»Wie man's nimmt. Er wird seine Papiere holen kommen, um geradewegs zu einem Seminar in Kuala Lumpur zu fliegen. Von dort geht er nach Tokyo, um das Ministerium beim Tayashita-Jahr der größten Verkaufsfeiern zu vertreten, und danach nach San Francisco für seinen dreimonatigen Urlaub. Entschuldige, du wirst dich nach ihm verzehren müssen, ist dein Fehler. Ich habe dich gewarnt, nicht auf solche Leute hereinzufallen; sie sind immer auf dem Sprung, und wer weiß, mit wem sie sich in Übersee zusammentun.«

»Du bist ein Miststück, Seini. Wie auch immer, was ist mit Big Ben?«

»Hast du es nicht gehört? Du mußt die einzige sein. Nun, Big Ben befindet sich in kritischem Zustand und liegt im Krankenhaus. Er ging vor einigen Abenden zur Cocktailparty beim russischen Botschafter, betrank sich dort sinnlos und griff seine eigene Frau an. Das war ein Fehler mit beinah tödlichem Ausgang, denn die bessere Hälfte schlug ihm eine leere Whiskyflasche über den Kopf. Geschieht ihm recht, sage ich. Es geschahen noch viele andere Dinge auf dieser Cocktailparty. Auch der Direktor von Manpower betrank sich und beschimpfte seinen Minister, der ihm eins auf die Nase gab, woraufhin ihn die Frau des Direktors in die Eier trat. Diese Frauen aus der Oberschicht können ziemlich gefährlich sein. Und dann ging der alte Knacker Henry Coles mit Mrs. Cohen weg, Gott weiß wohin. Mr. Cohen leitet gerade in Suva einen vierwöchigen Trainingskurs. Die Leute sollten nicht so oft verreisen und ihre Frauen zurücklassen. Ich mache ja den armen

Weibern keinen Vorwurf, wenn sie es sich still und heimlich besorgen, denn wenn sie es geradeheraus fordern, kriegen sie es nie, arme Dinger. Ich würde auch so handeln, wenn ich sie wäre.«

»Du wirst nie eine von ihnen sein«, sagte Susana und legte den Hörer auf. »Es tut mir sehr leid. Unten ist auch niemand. Kommen Sie in einem Monat wieder.«

Ika ging nach einem Monat wieder hin, ohne Erfolg. Später versuchte er es noch einmal, doch dann gab er es auf, jemanden von der zuständigen Behörde sehen zu wollen. Und wegen der Unerreichbarkeit der Offiziellen und seiner eigenen Vorlieben geriet Ika mit der Rückzahlung des Darlehens in Verzug. Er geriet so weit in Verzug, daß er eines Tages aufhörte, Angst zu haben, in sein importiertes Fischerboot stieg und mit dem Rendo-Motor und den sechs großen Netzen zwei Meilen in die See hinausfuhr, die Axt herauszog und ein großes Loch in den Boden des Boots hackte. Dann schwamm er langsam ans Ufer zurück, und zum ersten Mal seit vielen, vielen Monaten fühlte er sich entspannt.

Er schrieb kurze Briefe an die zuständige Behörde und berichtete bedauernd, daß sein Boot und die Ausrüstung wegen eines unglücklichen Vorfalls auf dem Meeresgrund lägen. Da er weder Geld besaß noch sonst etwas Wertvolles, was man hätte konfiszieren können, und da man ihm rechtlich nichts nachweisen konnte, versuchte niemand, ihn zu belangen. Sein Name wurde lediglich einer langen, sehr langen Reihe von unzuverlässigen Leuten hinzugefügt, die es nicht wert waren, daß man ihnen in Zukunft half.

Ika war das völlig egal, und heute kann man ihn wieder an einem bestimmten Strand in Tulisi treffen, wo er ein altes Fischerboot flickt und sich zufrieden mit seinen Freunden unterhält. Nicht alle haben solches Glück.

Eine mit weniger Glück gesegnete Person war Toa Qase, der ein erfolgreicher Schmalspurgärtner und Bananenpflanzer war, bis er eines Tages zur intensiven Hühnerzucht im Rahmen des Hühner-Entwicklungsprogramms überging, das von einer Tochterorganisation der großen internationalen Organisation finanziert wurde. Toa gab all seine verschiedenen Aktivitäten im Garten auf, erhielt ein Darlehen und baute einen großen Schuppen für sechstausend kleine Hühner, die aus Neuseeland eingeflogen worden waren.

Die Hühner gediehen gut, und Toas Ruhm wuchs. Alle wußten, daß er sechstausend Hühner hatte, und alle wollten sie wissen, wie sie schmecken. Ein gut erzogener Tikong hat seine Verwandten und Nachbarn großzügig zu beschenken, vor allem einer, der mit Tausenden von weltlichen Dingen gesegnet ist. Aber unter den Fittichen eines Entwicklungsexperten, der zur Elite gehörte und obendrein ein weiser Mann war, wollte Toa lieber ein moderner Geschäftsmann werden. Dabei hatte er völlig vergessen, daß, wer in Tiko wenig gibt, viel verliert, und wer nichts gibt, alles verliert. Und so verschwanden Toas Hühner allmählich, ein Dutzend in der ersten Nacht, gefilzt von seinen unterbezahlten Hühnerhofarbeitern, zwei Dutzend in der zweiten Nacht, gefilzt von denselben unterbezahlten Hühnerhofarbeitern samt deren Freunden, und so weiter. Es ging das Gerücht, daß Toas Hühner schnell verschwanden, so daß man schnell zur Selbsthilfe greifen mußte, bevor sie alle weg waren. Jeder, der zufälligerweise nachts vorbeiging, bediente sich also von Toas großen und schönen Hühnern, bis schließlich keins mehr gesehen wurde.

Toa seinerseits hatte seinen Traum aufgegeben, ein wohlhabender, moderner Geschäftsmann zu sein. Er bat daher die Entwicklungsexperten um ihren Segen und ging zum Geistlichen, um sich trösten und beraten zu lassen. Der besagte Mann Gottes nahm die Bibel, öffnete sie bei Matthäus und las: »Sammelt euch nicht Schätze hier auf der Erde, wo Motte und Wurm sie zerstören und wo Diebe einbrechen und sie stehlen.« Ja, Toa erinnerte sich und gelobte, daß er nie wieder so habgierig sein würde.

Seither, so erzählt Manu, hat Toa all seine Zeit darauf verwendet, im Himmel, wo es weder Diebe noch Experten gibt, riesige Schätze für sich anzuhäufen.

Übersetzt von Ina Boesch

Der Fortschritt eines Pilgers

Noeli Ma'a wurde 1941 in eine standhafte Sabbatisten-Familie hineingeboren. Von Anfang an war er ein guter Bursche, der netteste und gehorsamste in Saisaipé, dem Heimatdorf seiner stolzen und tüchtigen Eltern.

Noeli war noch nicht ganz trocken hinter den Ohren, da machte ihn schon seine Großmutter in der Ortsgruppe der School of Angels, welcher alle Sabbatisten-Großmütter und -Urgroßmütter von Saisaipé angehörten, zu einem Lamm Gottes. An dieser Schule bereiteten sich die uralten und weniger uralten Frauen darauf vor, sich in Engel zu verwandeln, wenn der Herr der Heerscharen die Zeit für gekommen erachtete, die Totenglocke zu läuten und sie zu sich zu rufen.

Als Vorbereitung auf das beflügelte himmlische Leben nach dem Tod mußte Noelis Großmutter besondere Reinheit an den Tag legen, das wichtigste Element für die Umwandlung zum Engel.

Sonntagsschullehrer sagen, daß auf Erden strahlend weiße Lämmer den Engeln im Himmel am nächsten kämen, aber in Tiko gibt es keine Lämmer, was nichts macht, denn Schafe würden hier ihr strahlendes Weiß wegen des vielen Regens und des Schlamms nicht lange behalten. Weiße Lämmer gibt es in Australien im Übermaß, erklärte der schlaksige Missionar aus Sydney, weil es dort herzlich wenig Regen gibt und deshalb fast keinen Schlamm. Weiße Lämmer gibt es in Australien im Übermaß, sagte Manu, weil kein getöntes Schaf je in dieses makellose Land eingelassen wird.

Das mag sein, aber die Wahrheit war, daß es in Saisaipé keine Lämmer gab, weder weiße noch getönte, auf die man schauen oder über die man sich seine Gedanken machen konnte. Wohl gibt es Tausende von Schweinen und Hunden, aber da sie von Natur aus schmutzig sind, eignen sie sich nicht als Symbol für die Reinheit. Andererseits sahen kleine Kinder, die noch nicht ganz trocken hinter den Ohren waren, niedlich aus, wenn sie tüchtig geschrubbt, geölt, gekämmt und angezogen wurden, und konnten deshalb als Lämmer und Engel gelten.

Also wählte Noelis Großmutter jeden zweiten Sonntagnachmittag ihren kleinsten Enkelsohn aus, schrubbte und ölte ihn von Kopf bis Fuß, bändigte sein Haar und steckte ihn in weiße Kleider, weiße Schuhe und eine weiße Mütze, bevor sie ihn zum Schulplatz trieb. Dort saßen zwei Dutzend Engels-Lehrlinge entlang der Wände, sangen alte Psalmen und machten sich ihre Gedanken über ihre kleinen Lämmer, die ruhig und zufrieden mit einem Lutscher in der Mitte saßen. Und Noeli galt bei allen als das niedlichste und beste der kleinen Lämmer von ganz Saisaipé.

Als Noeli in die Grundschule ging, weniger lammfromme Dinge über das Leben auf Erden zu lernen begann und trocken hinter den Ohren wurde, ließ ihn seine Großmutter zugunsten seines kleinen Bruders fallen. Sie schickte Noeli in die Sonntagsschule, wo man ihm als Jährling bedeutete, gut und gehorsam zu sein und sich nicht in Versuchung führen zu lassen. Am fünften Tag der Sonntagsschule kam es zu folgendem typischen Austausch zwischen der Sonntagsschullehrerin und Noeli.

»Noeli«, fragte die Lehrerin, »wer war das gehorsamste Kind im Alten Testament?«

»Samuel.« Noeli platzte mit der richtigen Antwort heraus, die ihm während der vergangenen vier Sonntagsschullektionen in den Kopf gehämmert worden war.

»Guter Junge. Und was passierte mit Samuel?« fragte die Lehrerin, hob ein Rohr und ließ es durch die Luft sausen.

»Er wurde eines Tages vom Herrn zu sich gerufen«, gab Noeli stotternd zur Antwort.

»Sehr gut, du machst schnell Fortschritte. Und welche war Noelis, ich meine Samuels Antwort?« Das Rohr sauste dreimal durch die Luft, womit die Lehrerin eher ihre Ungeduld sich selbst gegenüber ausdrückte als gegenüber jemand anderem.

»Samuel sagte: ›Rede Herr, dein Diener höret dir zu.‹«

»Ausgezeichnet. Du mußt dich immer wie der kleine Samuel benehmen. Wer weiß, ob nicht eines Tages der Herr wirklich zu dir spricht. Nun, wer bringt Versuchung in die Welt?«

»Der Teufel«, antwortete Noeli mit wachsendem Vertrauen.

»Und wer war der erste Mensch in der Geschichte, der durch den Teufel in Versuchung geführt wurde?«

»Eva, Adams Frau.«

»Wie erschien der Teufel Eva?«

»Als Schlange.«

»Ja, so ist es. Die Schlange, Kinder, ist ein häßliches, öliges Ding. Es schleicht sich in allerlei Dinge, vor allem dorthin, wo es nicht hingehen sollte. Glücklicherweise gibt es in Tiko keine Schlangen. Wir haben schon so mehr als genug Versuchungen. Nun, Noeli, was tust du, wenn der Teufel zu dir kommt?«

»Ich falle auf meine Knie und bete zu Jesus.«

»Gut. Und was tust du sonst noch, um den Teufel in Schach zu halten?«

»Ich tue genau das, was Sie mir gesagt haben. Ich schlafe

mit einer Bibel unter dem Kopfkissen und trage immer eine Bibel im Taschenformat mit mir herum. Das hilft auch, Geister fernzuhalten.«

»Sehr gut, Noeli, du bist sehr gehorsam. Mach weiter so, und du wirst kein Problem haben, in den Himmel zu kommen. Nun, Kinder, ihr müßt immer eine Bibel bei euch haben, wo auch immer ihr seid. Und erinnert euch, daß Adam und Eva die Schlange aßen und all ihre Kleider verloren, weil sie nicht ihre Bibeln mit sich herumtrugen.«

Und so ging Noeli jeden Sonntagnachmittag in die Sonntagsschule, wo er den Umgang mit der Versuchung lernte. Er erfuhr auch vom Land, wo Löwen und Lämmer zusammen spielen und miteinander schlafen, vom guten Hirten, der ein besserer König wurde, vom schlechten König, der ein Aussätziger wurde und seinen Thron verlor, und vom heiligen Mann, der mit Leib und allem in den Himmel kam, ohne vorher zu sterben. Es gab andere Geschichten von Gut und Böse, Geschichten, die Noeli zufrieden zur Sonntagsschule gehen ließen, bis er fast die Sekundarschule beendet hatte und ein junger Bock mit stoßenden Hörnern geworden war. Und die Hörner wuchsen weiter, ungeachtet der Bibeln unter den Kopfkissen oder in den Hosentaschen.

Bis zu diesem Zeitpunkt hatte Noeli keine unlösbaren Probleme, alle Versuchungen wurden von seinen Sabbatisten-Eltern und seiner Sabbatisten-Sonntagsschule leicht und schnell gebannt. Alles ging glatt und sauber, bis er innerlich und äußerlich eine unsäglich merkwürdige Entwicklung durchmachte, die zur Entdeckung führte, daß die Sabbatisten-Kirche zwar die richtige Nahrung für kleine Lämmer, Jährlinge und alte Schafe hatte, aber mit Bibellektüre, Hymnengesang und Beten die falsche für junge

Böcke und Mutterschafe. Noeli wurde rastlos und kam zum Schluß, daß die Sabbatisten-Kirche langweilig war, keinen Pep hatte und kein Fünkchen Sex-Appeal.

Da begann er sich umzusehen, und siehe da, er sah die Mormonilen; ja, die Mormonilen der Alten Propheten mit ihren Tanzbühnen und Tennisplätzen, ihrer Blechmusik mit Bläsern und ihrer Streichmusik mit Saxophonen.

Eines Tages ging Noeli nach Tulisi, um anläßlich der Jahresfeier der Unabhängigkeit dem Schulumzug zuzuschauen. Sabbatisten-Schulen schritten hinter frommen Präfekten und mittelalterlichen Jungfern mit Beinen wie Baumstämme; andere Schulen taten es ihnen etwa gleich. Die Mormonilen hingegen waren ein Anblick für sich, ihre Schulen folgten Majoretten in Shorts, die mit ihren wirbelnden Stöcken unglaubliche Dinge machten: Sie warfen sie über und um den Kopf, hinter ihre Rücken und, was am besten war, zwischen ihre Beine. Und als Noeli die Majoretten der Mormonilen solches tun sah, setzte sein Herz für eine oder zwei Sekunden aus, bevor es raste und pumpte wie ein außer Kontrolle geratener Ölbohrkolben.

Wichtiger war aber, daß Noelis Seele zu den Melodien der mormonilischen Blech- und Blasmusik und angesichts der wirbelnden Stöcke der Majoretten der Mormonilen tanzte. Seine Seele swingte nie zur Blechmusik der Sabbatisten, die Herrn Händels Hymnen oder die alten Tiko-Melodien spielten. Und also entschied der neunzehnjährige Noeli, dessen Großmutter sich schon vor langem zur Himmlischen Kapelle der Engel gesellt hatte, dem Weg seiner tanzenden Seele zu folgen, nämlich schnurstracks zum warmen und glanzvollen Leben der mormonilischen Kirche Christi und der Alten Propheten.

Während des ersten Jahres seiner Bekehrung spielte Noeli bei der nationalen Blechmusik der Mormonilen die

Trompete. Er blies sie mit aller Kraft, und er schnaufte und keuchte und machte Glotzaugen, aber er kam nicht in die Nähe einer Majorette und noch weniger in die Nähe eines wirbelnden Stocks. Das zweite Jahr strengte er sich noch mehr an, aber die Majoretten tänzelten vorn und wirbelten ihre Stöcke und gaben ihm kein Zeichen des Erkennens.

Noelis Seele wurde wieder rastlos. Sie tanzte immer noch nach den Melodien der Blech- und Blasmusik der Mormonilen, aber sie tat es allein, was verdammt elend war. Seine Seele mußte eine Tanzpartnerin haben, oder sie würde austrocknen und sterben. Das eigentliche Problem war aber das Gesicht zum Körper, der Noelis Seele beherbergte: Es war voller Pickel, weswegen ihn die mormonilischen Majoretten nicht ansahen.

Eines Tages, als er in Tulisi einen Schaufensterbummel machte, stieß Noeli zufällig auf eine Gruppe von Jugendlichen, die an einer Straßenecke sangen und predigten. In der kleinen Band von Apostolikern waren acht reizende Mädchen und sechs hübsche Burschen. Wie sie so dastanden und ihre jugendlichen Körper im Takt mit den anderen und dem Herrn wiegten, machte Noelis Seele Freudensprünge und schwang in der Luft, erlebte Empfindungen, die sie nie zuvor erfahren hatte. Oh, diese Freude! Die Himmelspforte hatte sich plötzlich kurz geöffnet und erlaubte Noeli einen verstohlenen Blick auf die ewige Ekstase. Und als das anführende Mädchen vortrat und zur Bekehrung und zur Anerkennung des Erlösers aufrief, ließ Noeli sich von seiner hüpfenden Seele aus dem Schoß der Mormonilen-Gemeinde geradewegs in die Arme der Apostolischen Kirche führen und hoffentlich in diejenigen ihrer hübschen Predigerinnen.

Der neue Glaube paßte Noeli sehr. Bei den Mormonilen marschierte die Blechmusik immer weit hinter der letzten

Majorette, was zu weit weg war, damit irgendwas Hübsches hätte geschehen können. Bei den Apostolikern hingegen standen alle eng zusammengepfercht an der Straßenecke beieinander, Arme, Hüften und Beine rieben und wiegten sich blind zu den Melodien und Rhythmen von süßen Hymnen aus den Südstaaten der USA.

Zweimal wöchentlich stand Noeli mit der kleinen Band der Apostolischen Zeugen an den Straßenecken von Tulisi, und er plazierte sich jeweils zwischen zwei Mädchen, Lisi und Mina, und die jungen Mutterschafe sahen sehr hübsch und sauber aus. Noelis linker Arm, seine linke Hüfte und sein linkes Bein wiegten und rieben sich mit denjenigen von Lisi, während seine rechten Glieder sich mit denjenigen von Mina bewegten. Er begann zu glühen, und er sang und weinte und schrie und verkündete das Evangelium. Gütiger Himmel, das ist ewige Ekstase! dachte er. Und regelmäßig pflegte er vom Geist der Liebe und der Freude besessen zu sein, seine Knie pflegten nachzugeben, so daß er zu Boden fiel und für einen Sekundenbruchteil die wiegenden Schenkel von Lisi und Mina sehen konnte, und er pflegte genüßlich zu zittern, bevor er ohnmächtig wurde. So geschah es zweimal die Woche, und Noeli genoß jeden Augenblick.

Eines Nachmittags fiel er in Ohnmacht, das Gesicht nach oben, die Augen starr, den Kopf auf dem Gehsteig und zufälligerweise zwischen Lisis reizenden Beinen. Er schrie vor Freude und Vergnügen, und er richtete sich auf. Lisi quietschte und setzte einen Fuß nicht gerade sanft auf Noelis pickliges Gesicht. Alles schien in Ordnung zu sein, aber an der folgenden Zusammenkunft fand sich Noeli zwischen zwei kräftigen apostolischen Jungen. All die folgenden Zusammenkünfte versuchte sich Noeli zwischen Lisi und Mina zu drängen, aber irgendwie war er immer flankiert von den zwei größten Jungen der Gruppe.

Das ist verdammt schlecht, dachte Noeli traurig. Und einmal mehr wurde er rastlos, denn er verabscheute es, sich mit den Jungen zu wiegen. Der Herr war sein Zeuge, seine Seele war fleckenlos, sogar ein Halbblinder konnte das sehen, es war sonnenklar. Aber über Noelis Tagen hingen düstere Wolken, seine apostolische Glut begann zu erkalten, und irgendwann schied er aus. Doch er war immer noch fest in seinem Glauben, nur verzehrte er sich nach einem passenden Bekenntnis und nach einer Tanzpartnerin für seine einsame Seele.

Eines Morgens, als er schon fast alle Hoffnung auf eine ewige Ekstase aufgegeben hatte, stolperte er über eine Gruppe von Straßenpredigern, die die »Gemeinschaft für Gott« repräsentierten, die progressivsten Evangelisten in ganz Tiko. Die Gruppe hatte eine Streichmusik mit Gitarren, einem Tamburin und dröhnenden Lautsprechern und spielte Hymnen im Country-&-Western-Stil. Um unter den dem Weltlichen zugewandten Bewohnern von Tulisi mehr Seelen zu gewinnen, rekrutierte die Gemeinschaft ihre Prediger bei den Oberstufenschülern der Tiko High School und sang all ihre Lieder auf englisch.

Eine solche Evangelistin war Kali Momona, ein schönes Mädchen von zwanzig Jahren, das früher bei den Sabbatisten war und dreimal die Universitäts-Aufnahmeprüfung gemacht hatte, leider jedesmal ohne Erfolg, denn sie hatte an den Straßenecken von Tulisi zuviel Zeit mit Predigen verbracht. Himmlische Weisheit sei wertvoller, sagte Kali, als alles weltliche Wissen. Und der Himmel verlieh Kali die Gabe, in der Gruppe das Tamburin so zu spielen, wie es nie zuvor gespielt worden war. Anstatt es auf althergebrachte Weise zu schütteln, schien Kali es zärtlich zu streicheln, während sie in Tat und Wahrheit die Methode der dynamischen Spannung anwandte, womit sie einen schwermütigen ätherischen Klang produzierte, der sich wie das Wimmern eines kranken Engels anhörte.

Die Leute kamen in Scharen, um die verstörenden Klänge von Kalis Tamburin zu hören, wohingegen Noeli mehr mit der Musik in Kalis Seele beschäftigt war. Als er durch sie hindurchblickte und ihrer bezaubernden Schönheit gewahr wurde und auch das übrige Potential musterte, bebte Noelis Seele und drehte durch, gelinde gesagt. Und kaum hatte die Musik geendet, folgte Noeli dem Ruf zur Bekehrung zum dritten Mal in seinem jungen Leben und verpflichtete sich, ein treuer Anhänger und Zeuge der »Gemeinschaft für Gott« zu sein. Er kaufte eine Gitarre und gesellte sich zur Straßenband der Studenten-Evangelisten, wo er neben Kali spielte. Diesmal wurden Noelis Gebete erhört, denn seine Pickel verschwanden, und seine eigene Schönheit, die so lange verborgen war, kam hervor und betörte.

Eines Tages, in der Hitze der spirituellen Entzückung, sang Kali mit Inbrunst »Ich liebe dich, Herr Jesus!«

»Halleluja, und ich liebe dich auch, mein Liebling.«

Kali wandte ihr Gesicht zum Herrn, aber stieß auf Noelis hoffnungsvolles Grinsen. »Hör sofort mit diesem Unsinn auf, du Idiot. Ich bin vom Geist besessen.«

»Das bin ich auch. Aber ich bin auch von dir besessen, meine Angebetete.«

»Sei von dir selbst besessen. Ich liebe nur Jesus.«

»Das tue ich auch, ja, so ist es. Aber ich denke die ganze Zeit auch immer an dich.«

»Hör mal«, fauchte Kali, »dies ist ein religiöser Anlaß, und du begehst ein Sakrileg. Meine Liebe ist sowieso nur spirituell.«

»Auch meine, so Gott mir hilft. Es ist alles so spirituell. Meine Seele ist in deine verliebt. Willst du mich heiraten?«

»Hör auf, Furzgesicht. Und hör auf, dein Bein an meinem zu reiben. Komm in mein Herz, Herr Jesus! Nimm mich an deine Brust! Halleluja, ich liebe den Herrn!« rief Kali ins Universum.

Aber schließlich beschränkte sich Kalis Liebe doch nicht nur auf Gott. Obwohl sie von vielen Männer aller Art viele Male angegangen worden war, hatte sie noch nie einer mitten in einer religiösen Zeremonie umworben. Noelis unorthodoxer Zugang erstaunte sie, aber, so sagte sie sich, was ist eigentlich passender für einen leidenschaftlichen Christen, als während eines Gebets umworben zu werden? Vielleicht hat der Allmächtige ihn geschickt. Sie begann Noeli genauer zu beobachten und fand ihn immer attraktiver. Und sehr bald spielte sie ihr Tamburin im Takt zu seiner Gitarre.

Im Verlauf von Wochen der Bekenntnis verschmolzen und lösten sich die Klänge von Gitarre und Tamburin in Gleichklang und Harmonie, während die Seelen der beiden Spieler in stummer Ekstase tanzten. Nach nicht allzu langer Zeit besiegelten Noeli und Kali, die auch ganz und gar unspirituelle Dinge taten, ihre Liebe im heiligen Bund der Ehe.

Sie arbeiteten weiter für die Gemeinschaft, predigten in Tulisi und anderswo, aber als sie mit der Zeit ins Stadium der alten Schafe kamen, war ihnen nach einem ruhigeren und beschaulicheren Leben. Ihrer Meinung nach waren die Zusammenkünfte zu geladen, und es gab zu viele rastlose Böcke mit stoßenden Hörnern und beißende Mutterschafe mit dicker Wolle. Schließlich war das lange Stehen an Straßenecken, obwohl es die Sache wert war, zu kräftezehrend.

Deshalb begannen Noeli und Kali eine Glaubensgemeinschaft zu suchen, die so wenig Leben wie möglich hatte, und schließlich entschieden sie sich für die Sabbatisten-Kirche. Die war, wie sie voller Freude entdeckten, langweilig, hatte keinen Pep und kein Fünkchen Sex-Appeal. Aber die Sabbatisten-Kirche bot, wie Manu bemerkte, alternden Böcken und Mutterschafen ein Refugium und dank ihrer großartigen und einmaligen Institution, der Heiligen Schule der Engel, ein goldenes Tor zum Leben nach dem Tod.

Übersetzt von Ina Boesch

Der Sünde Sold

Ti Pilo Simini ist ein dürrer, kleiner Mann, der unaufhörlich raucht, es sei denn, er schläft. Er raucht so viel, daß er die brennende Zigarette im Mund vergißt und sich eine zweite anzündet, mit dem Ergebnis, daß er der einzige Mensch weit und breit ist, den man beobachten kann, wie er sich zwei oder sogar drei Zigaretten zwischen die Lippen klemmt. Ärzte des staatlichen Krankenhauses meinen, daß er eigentlich schon lange bevor er dreißig wurde, an Lungenkrebs hätte sterben müssen, aber Ti ist siebenundsechzig und hat in seinem ganzen Leben nicht mal so etwas wie einen Husten gehabt.

Wenn Ti der Tabak ausgeht, erbettelt er sich welchen vom erstbesten Menschen, den er sieht, und er bringt es fertig, sogar die Zigarette haben zu wollen, die der andere gerade im Mund hat. Jeder Raucher in Tulisi geht in Deckung, sobald er Ti erblickt; keiner möchte ihm begegnen oder ihn auch nur sehen. Aber genausowenig, wie es möglich ist, einem Tikong-Geist aus dem Weg zu gehen, kann man Ti entrinnen; die Leute stolpern über ihn zu Zeiten und an Orten, wann und wo sie es am wenigsten erwarten, jeder um mindestens eine Zigarette ärmer.

Und wenn Ti die ungepflegten Straßen von Tulisi entlanggeht, sieht er nicht nur jeden, der aussieht, auftritt und riecht wie ein Raucher, seine Augen wandern auch prüfend über jeden Zoll des Bodens, stets auf der Suche nach Zigarettenkippen, die er aufhebt und in einen schmutzigen Beutel stopft, den er bei sich trägt, wohin er auch geht. Jeden Morgen, wenn die Schweine aufwachen, streicht er um die Häuser der Leute und hält Ausschau nach Zigarettenkippen. Jeden Tag zur Mittagszeit sucht er das Schulgelände heim und beschlagnahmt Zigaretten von kleinen Jungen, die an geheimen Orten wie verrückt rauchen, Orten, die ihm wohlvertraut sind, die die Lehrer aber nicht kennen.

Jede Nacht wacht Ti in bestimmten Zeitabständen auf, um eine zu rauchen, dann schläft er wieder weiter. Eines Nachts wurde er um zwei Uhr munter. Im Haus war es stockdunkel, aber Ti war zu faul, aufzustehen und die Lampe anzuzünden. Er tastete im Dunkeln nach seinem Tabaksbeutel, fand ihn, stellte aber nach näherer Untersuchung fest, daß kein Zigarettenpapier darin war. Er suchte im Dunkeln, fummelte überall herum und fand schließlich ein Buch. Das öffnete er, riß eine Seite heraus, drehte damit eine Zigarette, rauchte zufrieden und ließ sich wieder in den Schlaf fallen.

Und er träumte einen furchtbaren Traum. Moses, der Gesetzgeber von Israel, erschien, mit dem getreuen Leutnant Josua an seiner Seite. Moses sah sehr böse aus; er zeigte mit dem Finger auf Ti und sagte: »Ti Pilo Simini, du hast dich eines Sakrilegs schuldig gemacht, wofür du hart bestraft werden sollst. Josua! Nimm dich des Missetäters an!«

»Zu Befehl, Sir!« antwortete Josua, ging auf den schlotternden Ti zu und zog einen Dynamitstab unter seiner Achsel hervor. Er stopfte ein Ende des Sprengstoffs in Tis Mund, zündete die Schnur und löste sich zusammen mit Moses schnell in dünne Luft auf. Das Dynamit explodierte, und Ti wachte auf, aus vollem Halse schreiend. Er konnte nicht wieder einschlafen und verbrachte den Rest der Nacht damit, darüber nachzudenken, welches Sakrilegs er sich schuldig gemacht hatte.

Erst bei Anbruch der Dämmerung, als er vor seinem morgendlichen Gebet nach seiner Bibel griff, um einen Abschnitt daraus zu lesen, entdeckte er die entsetzliche Tat, die er begangen hatte. Das Heilige Buch lag offen auf dem Boden, und eine Seite war herausgerissen. Es war ausgerechnet das Blatt mit den Zehn Geboten. In Tiko gilt es als Sakrileg, das Heilige Buch zu beschädigen, es aber gar in Brand zu setzen, das war einfach unerhört. Ein Tikong ist imstande, ungestraft jede Menge von Sünden zu begehen, nie und nimmer aber bringt er es fertig, die Bibel zu verunstalten, geschweige denn, sie in Rauch aufgehen zu lassen.

Ti war sich der Ungeheuerlichkeit seiner Sünde voll bewußt. Also kniete er auf dem Boden nieder und betete zwei Stunden lang. Er bat Gott um Vergebung und versprach, das fehlende Blatt bis zum nächsten Morgen zu ersetzen.

Den Rest des Tages verbrachte er drinnen im Haus; er sprach mit niemandem und tat keinen Zug, so groß war seine Angst. Als die Nachricht sich verbreitete, daß Ti diesmal nicht daran dachte, sein Haus zu verlassen, füllten sich die Straßen von Tulisi mit glücklichen Rauchern, und an geheimen Orten auf dem Schulgelände pafften kleine Knirpse wild drauflos und ruinierten ihre winzigen Gehirne in lustvoller Hingabe.

Dunkelheit brach herein, aber Ti rührte sich nicht. Um Mitternacht jedoch, als sogar die Hunde fest schliefen, kam Ti aus seinem Haus heraus, schlich zu dem seines Nachbarn, betrat es, durchsuchte es gründlich, fand seines Nachbarn Heiliges Buch, entnahm ihm die Seite mit den Zehn Geboten, eilte nach Hause, klebte das Diebesgut in seine eigene Bibel, lächelte zufrieden und ging schnurstracks zu Bett.

Und er träumte einen schrecklichen Traum. Moses, der große Gesetzgeber, erschien aufs neue, mit dem getreuen Josua an seiner Seite. War Moses schon am vorangegangenen Abend böse gewesen, so war er diesmal wütend: »Ti Pilo Simini!« brüllte er. »Du hast dich zweier Sakrilege schuldig gemacht und eines Diebstahls. Verdammt seist du! Josua! Nimm dich des Missetäters an!«

»Zu Befehl, Sir!« antwortete Josua, ging auf den schlotternden Ti zu und zog zwei Dynamitstäbe unter seiner Achsel hervor. Er stopfte sie in Tis Mund, zündete die Schnur, trat zwei Schritte zurück und stellte sich neben Moses hin. Der Gesetzgeber und sein getreuer Leutnant waren so zornig, daß sie vergaßen, sich in dünne Luft aufzulösen. Als das Dynamit explodierte, traf es alle drei. Ti wachte auf. Er schrie doppelt so laut wie in der Nacht zuvor und blieb die ganze Nacht hindurch wach, am ganzen Leibe zitternd.

Am nächsten Morgen betete er drei Stunden lang. Er bat den Herrn um Vergebung und versprach, das gestohlene Heilige Blatt dem rechtmäßigen Besitzer zurückzuerstatten. Wieder verbrachte Ti den Tag drinnen im Haus; er sprach mit niemandem und tat keinen einzigen Zug. Wieder füllten sich die Straßen von Tulisi mit unbelästigten Rauchern, und an geheimen Orten auf dem Schulgelände fügten kleine Knirpse in glückseliger Unbekümmertheit ihren winzigen Gehirnen weiteren Schaden zu.

Um Mitternacht, als selbst die Moskitos aufgehört hatten zu summen, kam Ti heraus, kroch zum Haus seines Nachbarn und hielt das entwendete Heilige Blatt fest in der Hand. Er ging hinein, tastete sich durchs Zimmer und landete mit seinen Händen ganz zufällig auf etwas, was weich und warm war und sich bewegte. Er untersuchte es gründlich und stellte fest, daß das Objekt seiner Fingerübung der ruhende, willfährige und völlig entkleidete Körper von seines Nachbarn Gemahlin war. Und wie jeder gesunde männliche Tikong es unter ähnlichen Umständen getan hätte, vergaß Ti seine reuige Mission und machte sich daran, sich mit der näherliegenden Angelegenheit zu befassen, und verpfuschte das Ganze. Worauf die bis dahin willig gewährende Nachbarsgattin, eine Dame von gewaltigen Ausmaßen, sich erhob, Ti beim Genick packte, »Vergewaltigung« schrie und eine gewaltige Faust mit solcher Kraft auf seiner Kinnlade landen ließ, daß er quer durchs Zimmer flog, durch die dünne Kokospalmblattwand krachte, draußen hart aufschlug, es irgendwie fertigbrachte, sich aufzurappeln, und nach Hause stolperte, das gestohlene Heilige Blatt noch immer in der Hand.

Als er sein Haus betrat, wurde er ohnmächtig und träumte den bis dahin schlimmsten Traum. Moses und sein pflichtgetreuer Josua erschienen ihm erneut. War der große Richter am vorangegangenen Abend wütend gewesen, so tobte er jetzt vor Zorn, sein ganzer Körper bebte vor Raserei, die er kaum mehr beherrschen konnte, was kein Wunder war, denn infolge der Dynamitexplosion war sein ganzer Körper umwickelt mit Bandagen. Als viel jüngerem Mann und wildem Krieger war es Josua besser ergangen als seinem Ratgeber; das Schlimmste, was er abgekriegt hatte, waren ein zerschmettertes Auge und ein herausgeschlagener Zahn – was seine Wut allerdings in keiner Weise dämpfte. »Auge um Auge, Zahn um Zahn«, murmelte er kaum hörbar und blickte Ti finster an.

Beim Anblick der zwei furchterregenden Erscheinungen zitterte Ti, wie er noch nie zuvor gezittert hatte. Er war so von Furcht gepackt, daß er die Kontrolle über seine Körperfunktionen verlor und augenblicklich spürte, wie etwas Warmes, Flüssiges seine Schenkel hinunterrann. Er faßte dorthin, von wo das Übel ausgegangen war, mit dem einzigen Ergebnis, daß seine Hände naß wurden.

»Ti Pilo Simini«, donnerte Moses los. »Du hast dich dreier Sakrilege schuldig gemacht, eines Diebstahls, einer Verdrehung von Tatsachen, eines Ehebruchs und einer Pfuscharbeit. Gott verdamme dich! Josua! Nimm dich des Missetäters an!«

»Zu Befehl, Sir!« brüllte Josua zurück; dann näherte er sich dem zitternden, sich einnässenden Ti, zog drei Dynamitstäbe unter seiner Achsel hervor, stopfte sie in Tis Mund, zündete die Schnur und setzte an, dem ohnehin schon gebrochenen Ti etwas Entsetzliches zuzufügen, als Moses ihn beim Arm packte. Sie schafften es gerade noch, sich in dünne Luft aufzulösen. Und als alles, ausgenommen ihre Beine, verschwunden war, explodierte das Dynamit. Ti wachte auf; er schrie wie am Spieß und weigerte sich, wieder einzuschlafen, aus Furcht, er könne wieder träumen.

Am Morgen betete Ti vier Stunden lang; er bat den Herrn um Vergebung und versprach Wiedergutmachung bis zum nächsten Sonnenaufgang. Er blieb in seinem Haus, sprach mit niemandem und zündete sich keine einzige Zigarette an. Aber draußen auf den staubigen Straßen von Tulisi schwankten und pafften betrunkene Raucher, und an geheimen Orten auf dem Schulgelände lösten sich die Chancen der kleinen Knirpse, jemals wieder ein Examen zu bestehen, in Rauch auf.

Um Mitternacht, als selbst die Sterne aufgehört hatten zu blinken, nahm Ti das gestohlene Heilige Blatt, verließ sein Haus und schlich zu dem seines Nachbarn. Ein paar Schritte von seinem Ziel entfernt, blieb er plötzlich stehen, denn die Eingangstür zu seines Nachbarn Haus wurde aufgestoßen, und heraus stolperte der Sohn des Hauses. Ti reagierte geistesgegenwärtig. Er duckte sich in eine Kuhle, die seines Nachbarn Schweine aufgewühlt hatten. Der Bursche stolperte an den Rand der Kuhle, öffnete den Reißverschluß seiner Hose und machte sich daran, aus den drei Kartons Bier, die er während des ganzen Tages und der halben Nacht getrunken hatte, einen Ententümpel zu erschaffen. Von dem heftigen Wasserfall überrascht, hob Ti die Hände, um sein Gesicht zu schützen, wobei er das entwendete Heilige Blatt fallen ließ, das sich dann auch sogleich in dem Wasserfall auflöste. Und als Ti feststellte, was dem Objekt seiner Mission widerfahren war, schrie er: »Verpiß dich!«, erhob sich und rannte wie der Teufel davon.

Der Nachbarssohn war so verblüfft über das, was da unter seinem Zinken passiert war, daß er blitzschnell seinen Reißverschluß hochzog, wobei sich sein empfindlichster Körperteil verfing, so daß er aufheulte vor Schmerz, stolperte und in den Tümpel fiel, den Ti gerade fluchtartig verlassen hatte. Einen Schwall von Flüchen ausstoßend, erhob sich der Bursche und entwirrte, was verheddert war. Er heulte noch einmal auf, jagte Ti nach, die Nacht mit unflätigen Worten brandmarkend. Um eine lange Geschichte kurz zu machen, möge es genügen, zu sagen, daß Ti nach halbstündigem Umherjagen nach Hause torkelte, wo er bewußtlos zusammenbrach.

Und er hatte einen Traum, wie er ihn sich nie hätte träumen lassen. Moses und sein getreuer Josua erschienen, beide in Rollstühlen, weil doch in der Nacht zuvor die Dynamitladung unter ihren Beinen explodiert war; sie blieben zweihundert Schritte von Ti entfernt stehen. Hinter ihnen hatte die gesamte israelische Armee Stellung bezogen, bereit, Ti mit dem gefürchteten Beginschen Blitzkrieg zu bedrohen, falls Moses erneut Leid zugefügt werden sollte, sei es auch ein noch so geringes. Und als er sah, daß die mächtigsten Streitkräfte des Nahen Ostens Stellung bezogen hatten gegen sein armseliges Tikong-Ich, zitterte Ti, schrie gellend auf und preßte seine Schenkel vergeblich zusammen, bevor er ohnmächtig zu Boden stürzte.

Als er sein Bewußtsein zurückerlangte, hörte er hundert Trompeten blasen und hundert Kriegstrommeln wirbeln, und die Stimme von Moses dröhnte durch einen Verstärker: »Ti Pilo Simini! Du hast dich fünfer Sakrilege schuldig gemacht, eines Diebstahls, einer Verdrehung von Tatsachen, eines Ehebruchs, einer Pfuscharbeit, dreier schmerzhafter Körperverletzungen, des Gebrauchs unflätiger Worte und der Verunreinigung des Nationalparks. Zur Hölle mit dir! Samson! Nimm dich des Missetäters an!«

»Zu Befehl, Sir!« brummte Samson, welcher den Platz des kampfunfähigen Josua eingenommen hatte. Er ging auf Ti zu, nagelte ihn an ein Kreuz, zog vier Dynamitstäbe unter seiner Achsel hervor, stopfte sie in Tis Mund, rollte, während er sich dorthin zurückzog, wo Moses und die Streitkräfte Israels stationiert waren, eine lange Schnur aus, zündete sie und löste sich mit allen anderen, ausgenommen Ti, in dünne Luft auf. Zwei Minuten später, als das Dynamit an seinem gekreuzigten Körper explodierte, wachte Ti auf. Er schrie wie am Spieß, genau wie in der vorangegangenen Nacht, nur noch lauter. Er blieb bis zum Sonnenaufgang wach und schwor sich, seine Augen niemals mehr zuzumachen.

Am nächsten Morgen betete er fünf Stunden lang. Er bat um Vergebung und gab in Anbetracht dessen, was aus seinen früheren Versprechen geworden war, kein neues ab. Und obwohl er dringend einen Rat brauchte, wie er sich am kommenden Abend zu verhalten habe, konnte er nicht zu seinem Priester gehen, der ihn mit Gewißheit auf der

Stelle exkommuniziert hätte; ebensowenig konnte er zu einem seiner Verwandten gehen, denn die waren samt und sonders verstockte Sünder und nicht gut angeschrieben bei Gott.

Da erinnerte er sich seines einzigen wahren Freundes Manu. Natürlich, sagte er sich, warum hatte er nicht schon vor Tagen an Manu gedacht?

Ti blieb jedoch zu Hause und nahm zu niemandem Verbindung auf, nicht einmal zu einer Zigarette. Um Mitternacht, nachdem die hübschen Damen ihr letztes Abendgeschäft verrichtet hatten, kam er aus seinem Haus heraus, stahl sich zu einem bestimmten Strand und weckte Manu, der im Sand schlief. Als Ti ihm alles über seine Leidensgeschichte erzählt hatte, betrachtete Manu ihn eine Weile schweigend und legte ihm dann tröstend eine Hand auf die Schulter. Beschwichtigend sagte er: »Ti, du hast wirklich ein paar törichte Sachen gemacht und hast eine Strafe verdient. Mach dir nichts draus, mein Freund. Die Lösung für dein Problem ist sehr einfach. Geh nach Hause und rauche eine Zigarette, die du aus einem Heiligen Blatt drehst!«

»Aber so hat der ganze Ärger doch angefangen!« protestierte Ti. »Das tu ich nicht! Ich will nicht, daß fünf Dynamitstäbe in meinem Mund explodieren! Behalt deinen Rat für dich! Danke schön!«

»Kein Dankeschön! Hör zu!« beharrte Manu. »Weißt du: Minus mal minus macht plus! Ebenso kann eine Sünde ausgelöscht werden durch eine gleiche und gegensätzliche Sünde.«

»Aber ich habe doch schon so viele begangen, ohne daß sie sich gegenseitig ausgelöscht hätten; und sieh, was daraus geworden ist! Du lieber Gott!«

»Ja, das ist Er«, entgegnete Manu ruhig. »Aber deine

Sünden konnten sich nicht gegenseitig auslöschen, weil sie nicht gleich und gegensätzlich waren.«

»Wovon redest du?« fragte Ti, der noch niemals etwas so Rätselhaftes gehört hatte. Manu ließ sich herab zu antworten, denn die Frage schnitt verzwickte theologische Sachverhalte an, und Ti hatte keine Ausbildung am Bibelseminar von Tiko gehabt.

»Ti?« unterbrach Manu die eingetretene Stille. »Hab ich dich jemals enttäuscht?«

»Nein, bis auf gerade jetzt«, erwiderte Ti.

»Darüber ließe sich streiten. Aber wir wollen das sein lassen. Wenn ich dir die einzig mögliche Lösung für dein Problem vorschlage, wirst du sie annehmen?«

Ti wollte das nicht, aber angesichts der Tatsache, daß es weit nach Mitternacht war und mit einem weiteren Rat von anderer Seite nicht zu rechnen, erwiderte er: »Ja, bestimmt. Und es wäre gut, wenn es wirklich die richtige Lösung wäre, sonst hast du einen lieben Freund weniger.«

»Also gut! Hör zu! Geh nach Hause, reiß das Heilige Blatt mit dem Lukas-Evangelium, Kapitel dreiundzwanzig, Vers vierunddreißig heraus: »Vater, vergib ihnen, denn sie wissen nicht, was sie tun.« Dreh daraus eine Zigarette und rauche sie, bevor du zu Bett gehst. Tu das mit dem richtigen Blatt, oder du wirst fünf Dynamitstäbe unter deinem Hintern spüren. O Gott! Das konnte auch nur dir passieren. Geh jetzt! Und viel Glück!«

Ti erhob sich schwerfällig, und – obwohl der Panik nahe – riß er das vorgeschriebene Heilige Blatt aus der Bibel. Er las den betreffenden Vers, drehte sich eine Zigarette, rauchte, erst zögernd, dann gierig, wurde zunehmend müder, schlief ein und träumte.

Moses erschien mit Josua an seiner Seite. Sie saßen in Rollstühlen, die von Samson und Goliath geführt wurden, und blieben zweihundert Schritte entfernt stehen. Hinter ihnen hatten die Vereinigten Zionistisch-Palästinensischen Friedenstruppen Stellung bezogen, die, auf ein Signal von Samson, hundert Trompeten blasen und hundert Kriegstrommeln wirbeln ließen. Dann dröhnte die Stimme von Moses durch die Lautsprecher: »Ti Pilo Simini! Du hast dich sechser Sakrilege schuldig gemacht, eines Diebstahls, eines Ehebruchs, eines …« Aber Moses hielt inne, da jemand an seiner Seite Gestalt annahm. Er war wunderschön und von himmlischem Liebreiz.

»Moses, Moses«, sagte der Neuankömmling. »Leg das Mikrofon weg, ja?«

Moses gehorchte sofort und sagte: »Gewiß, mein Herr!«

»Danke«, antwortete der Neuankömmling und ging auf den zitternden Missetäter zu. »Ti Pilo Simini, du hast viele schreckliche Dinge getan und alle deine Strafen verdient. Aber du hast auch eine gleiche und gegensätzliche Sünde begangen, was alle deine anderen Vergehen aufgehoben hat. Geh nach Hause und sündige hinfort nie wieder!«

»Jawohl, mein Herr! Danke, vielen Dank«, erwiderte Ti gerührt und fiel auf die Knie.

»Mein Herr?« wagte er sodann zu fragen. »Was ist eine gleiche und gegensätzliche Sünde?«

Der Neuankömmling sah Ti an, wies mit dem Finger der Vergebung himmelwärts und antwortete: »Ich werde es dir erklären, mein Sohn, wenn du nichts dagegen hast, in meine Wohnung zu kommen. Zu einer Tasse Tee vielleicht? Und vielleicht auch, um etwas zu rauchen?« Ti erhob sich, löste sich mit dem Neuankömmling in dünne Luft auf und nahm in einer himmlischen Villa, wo er eine köstliche Tasse Tee trank und eine himmlische Zigarette rauchte, wieder körperliche Gestalt an. Und der Neuankömmling offenbarte ihm die Geheimnisse des Lebens und des Todes und der Weisheit.

Von jener Nacht an hat Ti nie wieder eine einzige Sünde begangen. Statt dessen begeht er immer zwei auf einmal, die eine der anderen gleich und doch ihr Gegenteil.

Übersetzt von Irene Knauf

Pfade zum Ruhm

Mein Sohn, sagte Tevita Potos Onkel, während er mit rechtschaffenem Mißfallen die ungekämmte Erscheinung seines Neffen prüfte, hör zu. Du bist nun aus dem Land des Wissens und des Wohlstandes zurückgekommen. Du hast große Weisheit mit nach Hause gebracht, zur Freude ganz Tikos und zum Stolz unserer Familie. Und du bist nun hier seit fünf Jahren, nicht wahr? Jedoch erscheint es mir und allen anderen so, daß du in jenen Jahren nicht eine große Tat vollbracht hast, du hast weder der Regierung Seiner Exzellenz noch der Kirche Gottes auf Erden, ja noch nicht einmal unserer bescheidenen Familie gedient.

Was ist mit deinem Wissen geschehen? Was ist aus den vielen Diplomen geworden, die du mit nach Hause gebracht hast, nach Tiko? Du bist so klug und so angefüllt mit Kenntnissen. Aber was ist los mit dir? Wurden unsere Gebete nicht erhört? Waren die Mühen deines Vaters und deiner Großväter umsonst? Dein Haar ist lang und ungekämmt; dein Bart ist buschig und ungepflegt; deine Kleidung, deine Kleidung ist die von närrischen Leuten. Du solltest Achtung zeigen für deine große Gelehrsamkeit; und du solltest respektabel aussehen wie ein Mann mit vielen akademischen Graden.

Du läufst herum wie ein Hanswurst; du läufst herum wie Manu. Das treibt die Bescheidenheit zu weit, und niemand respektiert dich dafür. Erniedrige dich, soviel du willst; sei demütig und sanft, aber zur richtigen Zeit. Es ist eine Frage des Zeitpunktes, mein Sohn. Du bist kein gewöhnlicher Mann, du bist die Elite, und du sollst entsprechend gehen und handeln. So, wie du jetzt aussiehst, bringst du Schande über deine Familien.

Was schlimmer ist, mein Sohn, warum kritisierst du die Regierung so oft? Warum kritisierst du die Kirche so sehr? Du sagst, daß es dir nur um die Wahrheit gehe. Doch was für einen Zweck hat die Wahrheit in Tiko? Wird die Wahrheit irgend etwas ändern? Wird Wahrheit dich groß machen? Wird sie irgend jemanden reich machen? Wird man die Wahrheit in Tiko glauben?

Wenn du mit deiner Wahrheit dastehst, und Seine Exzellenz und die Großen Häuptlinge stehen dagegen, dann wird Tiko dich in kleine Stücke zermahlen. Das ist die Wahrheit über unser Land, mein Sohn. Vergiß das Gesetz und vergiß die Verfassung. Es ist der Wille Seiner Exzellenz und seiner Großen Häuptlinge, der die Dinge in Tiko bewegt; es ist der Wille Seiner Exzellenz und der Großen Häuptlinge, der verhindert, daß sich die Dinge in Tiko bewegen. Vergiß das niemals.

Drum geh und arbeite für die Regierung, diene Gott und vergiß die Sache mit der Wahrheit. Wahrheit, das ist ausländisches Denken, und dies hier ist Tiko. Die Wahrheit und Tiko gehen nicht gut zusammen, und du jedenfalls solltest das wissen.

Und noch eins, mein Sohn. Geh jeden Sonntag zur Kirche; geh zur Kirche. Seit vielen Generationen hat unsere Familie für die Kirche gearbeitet, sie hat für die Kirche gelitten, ist für die Kirche gestorben. Du hast deine Erziehung und deine akademischen Grade nur erhalten durch die Kraft eines generationenlangen Dienstes und Gebetes für Jehovah. Denk niemals, daß du sie allein durch deine eigenen Anstrengungen erworben hast. Niemals, niemals, mein Sohn. Dein großes Wissen ist die Belohnung für die gute Arbeit der ganzen Familie, seit die Wahre Religion in Tiko angekommen ist. Gott belohnt diejenigen, die an ihn glauben, die Ihm gut und treu dienen.

Du sagst, die Kirche ist nicht christlich, und du sagst, die Kirche ist nutzlos. Wie wäre das möglich? Wie kann eine christliche Kirche nicht christlich sein? Was für eine Art zu denken ist das? Was für eine Sorte von Ausländern hat dir solche krausen Gedanken beigebracht? Und wie kann die Kirche nutzlos sein? Die Kirche ist Gottes Schöpfung, und die Schöpfungen Gottes sind niemals nutzlos!

Glaube an Gott, mein Sohn; geh zur Kirche und gehorche Seinem Vorsitzenden. Gott erwählte Seinen Vorsitzenden, und der Vorsitzende ist ein guter Mann, der Vorsitzende ist ein großer Mann, und der Vorsitzende ist ein Prophet. Gott wählt niemals Narren und Heuchler zu Vorsitzenden in Seinen Kirchen! Nein, nein, niemals! Gott segne Seine Vorsitzenden allüberall! Und Gott segne Seine Kirchen allüberall!

Du meine Güte, o meine Güte, du machst mich wirklich ärgerlich. Noch eine letzte Sache. Nimm mein Wort, Sohn. Du warst viel zu lange von Tiko fort. Ja, du bist viel zu lange fort gewesen, in deinem Interesse, im Interesse von Tiko, der Kirche und der Familie. Du denkst wie ein Ausländer, du sprichst wie ein Ausländer, und du handelst wie ein Ausländer.

Zum Beispiel, du bist nicht bloß du, wie du so oft gesagt hast: das ist ausländisches Denken. Du gehörst zur Familie, und die Familie gehört zu dir. Wenn du dich gut aufführst, ist die Familie stolz; wenn du Fehltritte machst, schämt sich die Familie. Wenn du vorankommst, steigt die Familie auf, aber wenn du deine Talente vergeudest, wird die Familie arm bleiben. Die Familie blickt auf dich, denn du bist der Gipfel ihrer Leistung. Du mußt aus diesem Grunde dein ausländisches Denken ablegen. Du mußt dein ausländisches Verhalten ablegen, um hier das richtige Leben zu leben, um Gott zu dienen, Seiner Exzellenz und der Familie. Denk immer daran, dies ist Tiko, und du mußt die Sitten von Tiko wieder lernen. Das ist genug für heute, mein Sohn. Auf Wiedersehen, Gott segne dich! Und vergiß nicht, deine Haare zu schneiden!

Mein Sohn, sagte Tevita Potos Vater, ein seit vierzig Jahren aktiver Prediger des Evangeliums, sieh her und antworte auf meine Fragen! Was war am letzten Sonntag das Thema der Predigt? Du weißt es nicht? Warst du letzten Sonntag nicht in der Kirche? Wie war das mit dem Sonntag davor? Und dem Sonntag davor? Warst du nicht mehr in der Kirche, seit du zurückgekommen bist? Nur ein paarmal? Warum? Sag das noch einmal! Aber du mußt zur Kirche gehn, ganz gleich, ob du dich danach fühlst oder nicht! Wozu, glaubst du, sind Sonntage da?

Nun beantworte mir die nächste Frage, geradeheraus und aufrichtig! Ich weiß, du hast meine Fragen aufrichtig beantwortet! Wie könnte irgend jemand sagen, was du gerade gesagt hast, und gleichzeitig lügen?

Liest du immer noch die Bibel? Nur als historische Quelle? Aber das ist ein Sakrileg! Weißt du denn nicht, daß die Bibel kein Geschichtsbuch ist? Die Bibel ist das Wort Gottes! Was für eine Sorte von Ausländern hat dich auf solche Abwege geführt, du blöder Scheißkerl! Sieh, was du mir angetan hast!

Betest du jeden Morgen und Abend? Betest du überhaupt nicht mehr? Aber warum? Warum gerade du? Habe ich dich nicht im Schatten unseres Herrn Jesu erzogen? Habe ich nicht zweimal täglich für dich gebetet, seit du geboren wurdest?

Glaubst du an Gott? Nein, nein, antworte nicht auf diese

Frage; ich könnte sonst wieder anfangen zu fluchen. Nun hör gut zu, mein Sohn! Es ist nicht einen Pfennig wert, wieviel Bildung du gehabt hast; es ist nicht einen Heller wert, wieviel akademische Grade du erworben hast; wenn du nicht Christus als unseren Erlöser annimmst, wird gar nichts aus dir werden. Schau dich an! Du siehst nicht aus wie ein Mann mit vielen akademischen Graden. Du siehst aus wie Manu, und du handelst wie Manu. Du bist ungepflegt! Du bist lächerlich! Und deine Pfeife stinkt wie verfaulter Fisch! Die Leute lachen über dich, und du machst dir nichts draus, weil du so eingebildet bist. Du denkst niemals an unsre Familie. Aber die Familie schämt sich für dich, und ich auch. Du hast nichts gemacht in den fünf Jahren, die du schon hier bist. Du wirst niemals etwas Nennenswertes tun, wenn du nicht dein Herz öffnest für Jesus Christus.

Und noch eins. Wie lang bist du schon verheiratet? Zwanzig Jahre? Gut. Und wie viele Kinder hast du bekommen? Das geschieht dir recht! Siehst du, Kinder sind Gottes Lohn für diejenigen, die an Ihn glauben. Er wird niemals Seine Kleinen den Ungläubigen anvertrauen. Bete zu Ihm, bitte Ihn um Seine Vergebung und Gnade, und gib dich Ihm hin, gib dich Ihm vollständig hin! Es ist deine letzte Chance. Denk an meine Worte!

Verzeihung, Doktor, sagte der betrunkene Taxifahrer, der neben Tevita Poto an der Bar des Tikoclubs stand. Sie sind ein Weiser Mann und ein Gelehrter, und ich bin ungebildet und dumm. Aber, nochmals Verzeihung, warum sitzt ihr Weisen Männer immer so hoch oben und schaut auf uns herab? Warum kommt ihr niemals herunter auf unsere Ebene?

Nun, es macht keinen Unterschied, daß ihr hier immer mit uns Bier trinkt. Und ich glaube es nicht, wenn Sie sagen, daß Sie zu denen da oben nicht dazugehören, daß Sie nirgendwo hingehören und daß Sie nur Sie sind. Sie gehören da oben hin; wie alle diese gebildeten Bastarde. Sie leugnen es, weil Sie versuchen, bescheiden zu sein. Scheiße! Sie verdienen mehr Geld als die meisten Tikongs. Sie arbeiten für die Ausländer. Aha! So. Sie arbeiten für die pazifische Region. Nicht etwa mit diesen verrückten Leuten, die mit dem »Pacific Way« hausieren gehen? Ist das so? Du lieber Gott, vergiß es! Dies hier ist Tiko! Es ist nicht diese verdammte pazifische Region! Das Gerede vom »Pacific Way« ist Sache der regionalen Eliten, der Experten, Organisationsmaxen und Schlitzohren! Und Tiko ist in Tiko! Also was, wenn Tiko im Pazifik ist? Wechseln Sie nicht das Thema!

Sie sagen, Doktor, daß alle Menschen gleich sind. Wie können Sie das sagen, wenn Sie so reich sind und ich bin so arm? Verzeihen Sie bitte, aber ich bin nicht ungebildet und dumm.

Hey, Barmann, geben Sie dem Professor noch eine Flasche; und das gleiche für mich. Schreiben Sie's auf, Barmann, schreiben Sie's auf – ich zahle morgen. Halt's Maul! Ich spreche mit einem Weisen Mann.

Wo waren wir stehengeblieben? Ja, und noch was. Warum haben Sie gesagt, daß die fetten Hammelstücke gefährlicher Abfall sind und daß Tiko die Müllhalde von Neuseeland ist? Sie sind ein Weiser Mann und ein Reicher Mann. Dumme Menschen sind arm. Sie essen Schinken und Eier zum Frühstück und Filetsteak zum Abendessen. Wir können uns nur fettes Hammelfleisch leisten. Also was machen Sie, wenn Sie nicht Schinken und Eier zum Frühstück essen und Filetsteak zum Abendessen? Das zählt nicht. Die Wahrheit ist, daß Sie, Doktor, es sich leisten können, solche Sachen jederzeit zu kaufen; und Sie können es sich leisten, herumzugehen und häßliche Sachen über fettes Hammelfleisch zu sagen. Sie können sich die Welt kaufen, aber wir können nur das fette Fleisch haben. Wir essen und wir lieben es. Es ist eine Frage, ob man sich an das gewöhnt, was man kaufen kann.

Und noch eins. Sie reden so gern über Demokratie. Demokratie ist eine ausländische Idee. Ihr Weisen Männer bringt immerzu ausländische Sachen. Dies ist Tiko, Doktor. Demokratie und Tiko tanzen nicht miteinander, und Sie sind ein reicher Mann, der versucht, arm auszusehen. Sie sind ein Heuchler, wenn Sie mir das verzeihen wollen. Lassen Sie mich das sagen. Demokratie in Tiko, das ist schwer zu haben. Man wird sie sich hart verdienen müssen, und wir werden sie nicht in diesem Leben bekommen; jedenfalls nicht hier. Beten Sie zu Gott, und Sie werden Ihre Demokratie im Himmel haben. Auf Wiedersehen, Professor. Ich mach mich fort nach Neuseeland, morgen. Ja, endgültig.

Und nimm diesen in Liebe gegebenen Rat, intonierte der Familiensprecher auf dem Fest, das vor fünf Jahren zu Ehren von Tevita Potos triumphaler Heimkehr gegeben worden war. Schreite voran, und diene der Regierung und der Kirche mit all deiner Kraft, mit deinem ganzen Herzen und all deinem Geist! Der Allmächtige und Seine Exzellenz werden dich bald zum Minister für Moneten ernennen, und wir, deine bescheidene Familie, werden reich werden.

Übersetzt von Renate von Gizycki

Rückkehr durch die Hintertür

An dem Tag, an dem Tiko seine Unabhängigkeit von den Fesseln des Kolonialismus erlangte, verkündete Seine Exzellenz, der Oberste Häuptling, in unmißverständlichen Worten die unmittelbare Beendigung aller ungebührlichen Ausbeutung der Bürger und der Ressourcen der sanften Inseln durch die Hofhunde des Imperialismus und Kapitalismus. In der Historischen Proklamation, die seitdem durch fünf schöne Gesänge, komponiert von Tikos hervorragendsten Verseschmieden, unsterblich gemacht wurde, gab Seine Exzellenz auch viele andere weise Erlasse heraus, aber derjenige, der Sailosi Atius Aufmerksamkeit erregte, seine Hoffnungen weckte und seither sein Schicksal ebenso wie das seines geliebten Landes bestimmte, war die Erklärung, daß von nun an die Richtung der Nationalen Entwicklung im Hinblick auf Tikos rechmäßigen Platz unter den Nationen der Freien Welt in den Händen der Einheimischen und in keinen anderen liegen sollte.

Unmittelbar nach dieser Historischen Proklamation wurde jeder nur denkbare Posten und jede nur denkbare Position mit Einheimischen besetzt, inklusive aller höheren Ämter des Reiches, außer den Ministerien der Justiz und der Finanzen, denn es war nahezu unmöglich, Bewerber von gerechter und ehrlicher Beschaffenheit ausfindig zu machen. Die Bühne war auf diese Weise dafür bereitet, daß Tiko von jetzt an seinen Schweinen selbst die Haut abzog und so sein Schicksal selber bestimmte.

Zu jener Zeit arbeitete Sailosi Atiu als erster Assistent für den Hofhund des Britischen Imperiums, Mr. Eric

Hobsworth-Smith, Leiter der Abteilung für die Erhaltung der Traditionellen Kultur und der Authentischen Eingeborenenpersönlichkeit. Mr. Hobsworth-Smith hatte an der Universität von London einen akademischen Grad in Anthropologie und Prähistorischer Archäologie erworben, und er hatte alles gelesen, was es über die Sitten und Gebräuche von eingeborenen Völkern in Afrika, Asien, den beiden Amerikas und Ozeanien zu lesen gab. Nach seiner Graduierung ging er in den Kolonialdienst und arbeitete viele Jahre lang als Museumsdirektor, Regierungsanthropologe und besonderer Berater für Eingeborenenangelegenheiten in einem Dutzend weit auseinanderliegender Länder des Großen Britischen Imperiums. Neun Jahre vor Tikos Unabhängigkeit kam Mr. Hobsworth-Smith zum Aufbau und zur Leitung der Abteilung für die Erhaltung der Traditionellen Kultur und der Authentischen Eingeborenenpersönlichkeit oder genauer: für das, was davon übriggeblieben war, nachdem die Hofhunde mehr als hundert Jahre lang das Ihre getan hatten, ins Land.

Da er seine Ausbildung nicht im Ausland erworben hatte, besaß Sailosi Atiu kein Diplom oder Universitätsexamen, aber zum Zeitpunkt der Ankunft von Mr. Hobsworth-Smith hatte er die Art von Erfahrung gesammelt, mit der es nur wenige Männer in Tiko aufnehmen konnten: Im Verlauf von zwanzig Jahren hatte er in jeder Abteilung und Dienststelle der Regierung gearbeitet und dabei wertvolle intime Kenntnisse der internen Arbeitsweise der Kolonialverwaltung gesammelt sowie größere und kleinere Indiskretionen über jeden hochgestellten Beamten. Noch wichtiger, Sailosi hatte durch seine verstorbene Mutter die richtigen verwandtschaftlichen Beziehungen zur alten Aristokratie von Tiko. Seine Eignung für den Posten des

Stellvertretenden Direktors der Abteilung wurde öffentlich anerkannt, als Seine Exzellenz, der Gouverneur des Britischen Imperiums, und der Oberste Häuptling ihn, ohne viel Aufhebens davon zu machen, gemeinsam für das Amt wählten: Jede Opposition gegen seine Ernennung wurde in der üblichen Weise im Keim erstickt.

Obgleich Sailosi Mr. Hobsworth-Smith für einen unverbesserlichen Hofhund hielt, bekennt er nun, daß er viel, nein, allzuviel von ihm gelernt hatte. Während der neun Jahre, die er in untergeordneter Stellung mit ihm verbunden war, hatte Sailosi seinen Arbeitsstil, seine Kleidung, Redeweise und Art, sich zu geben, so sehr übernommen, daß seine Freunde es sich angewöhnt hatten, ihn mit dem Namen des Engländers anzureden. Die meisten seiner Kollegen hatten ihre Ausbildung in Amerika, Australien oder Neuseeland erhalten und die Sitten und Gebräuche jener Länder übernommen, und wenn er sah, wie sie sich verhielten und aufführten, war Sailosi froh, daß er wie ein richtiger Brite aussah und sich auch so anhörte. In der Tat gab er sich so sehr wie Mr. Hobsworth-Smith, daß der Gouverneur des Britischen Imperiums ihn oft für einen kultivierten englischen Gentleman von untadeliger Familie hielt; so jedenfalls pflegte es der Gouverneur in einem Ton zu verkünden, der gerade eben noch wahrnehmbar fragend war. Sailosi war sich der Komplimente des Gouverneurs nie ganz sicher, obwohl er sie begierig genug schlürfte, besonders dann, wenn sie von Unmengen Schnaps des guten Gouverneurs auf den häufigen Partys Seiner Exzellenz begleitet waren, zu denen Sailosi regelmäßig eingeladen wurde.

Bald nach der großen Historischen Proklamation erhielt Mr. Hobsworth-Smith seinen Marschbefehl und Sailosi seine unvermeidliche Beförderung zum erhabenen Posten des Direktors des Büros. Wie es damals in der Hitze des der Unabhängigkeit unmittelbar folgenden nationalen Fiebers Mode war, machte sich Sailosi schnell daran, sich von allen schädlichen imperialistischen Einflüssen zu reinigen, und begann mit der Wiederherstellung und Bewahrung seiner authentischen Eingeborenenpersönlichkeit. Er gab seinen piekfeinen Akzent auf und sprach Englisch, nur wenn nötig, und mit ausgeprägtem Tikong-Drall. Er hörte auf, Unterhaltungen in seiner Muttersprache mit englischen Modewörtern zu würzen und legte sein Safarihemd, seine Shorts und langen Kniestrümpfe ab zugunsten der Nationaltracht, in die er mit Tiki-Togs, Afrohemden und anderer Dritte-Welt-Kleidung Abwechslung brachte. Schließlich, unter großem Herzschmerz, verließ er seine neuseeländische Geliebte und erwählte sich eine ortsansässige Dame mit umherschweifenden Neigungen als heimliche Freundin fürs Leben.

Aber er behielt das Haus aus Beton, den Kelvinator-Kühlschrank und den Holden-Kombiwagen, den er von seinem Vorgänger geerbt hatte; er hielt seine Mitgliedschaft im von Ausländern dominierten Tikoclub aufrecht, ebenso wie sein Abonnement für den »Playboy« und das »Time Magazine«, besuchte das Internationale Nightlight-Hotel regelmäßig, um zum Dinner gegrillte Steaks und importierte Kartoffeln mit französischen Weinen herunterzuspülen; er schickte seine Söhne auf die feinen Schulen für die Kinder der Elite und seine einzige Tochter in ein Internat der Oberklasse nach Perth. Und da er sein Gewissen leicht trug und es vermied, über Widersprüche nachzudenken, sah er nicht die geringste Ironie in der Inkonsequenz seines Lebensstils. Wie seine engen Freunde Hiti George VI. und Sione Falesi war Sailosi damit gesegnet, unbeschwert von jener Art von Neurose zu sein, die sich aus einer allzu großen Empfindlichkeit gegenüber Widerspruch, Zweifel oder Schuld ergibt.

Nachdem er sich teilweise von ausländischen Einflüssen gereinigt hatte und seine authentische Eingeborenenpersönlichkeit halbwegs wiederhergestellt war, machte sich Sailosi daran, dasselbe mit seinen Mitarbeitern und Landsleuten zu tun. Er ging eines Morgens in das Bürogebäude und blieb am Tisch der Stenotypistin stehen. »Amelia«, sagte er ernst, »geh sofort nach hinten und wisch dir diesen albernen Lippenstift ab. Ich möchte weder dich noch irgendein anderes Mädchen in diesem Büro mit Lippenstift sehen. Das ist eine widerliche ausländische Sitte. Und wenn du schon dabei bist, laß auch das französische Parfüm weg; es riecht nach Frosch. Nimm das großartige Tikong-Allzweck-Kokosnußöl. Und hast du dir deine Backen etwa mit Talkumpuder beschmiert? Wisch dir das ebenfalls ab; und benutze es nie wieder, es wird deine Haut nicht weiß machen.«

»Aisea. Ja, du! Habe ich dich eben etwas auf Englisch sagen hören? Benutze ja nie wieder die englischen Wörter ›verdammt‹ oder ›Scheiße‹, wenn ich in Hörweite bin. Wenn du fluchen mußt, tu es auf Tikong; wir haben Hunderte von schmutzigen Wörtern, aus denen du auswählen kannst.«

»Und du, Kolo. Geh und rasier dir diesen lächerlichen Schnurrbart ab. Du siehst aus wie ein sexbesessener Ausländer.«

»Nun hört mal alle zu: Jeden Morgen werde ich euch sagen, was wir alles aus unserem Leben verbannen müssen; und ich werde dies so lange tun, bis ich davon überzeugt bin, daß wir uns von dem imperialistischen Schandfleck gereinigt und unser wahres Tikong-Selbst wiederhergestellt haben. Geht zurück an eure Arbeit.«

Sailosis erster stellvertretender Direktor war ein junger Universitätsabsolvent, den er für übertalentiert und fehlausgebildet hielt. Der Stellvertreter war so erpicht darauf, alles sofort zu reformieren, daß er, wenn er sich daran gehindert sah (meistens von Sailosis Seite), bitter wurde und damit begann, seine Vorgesetzten zu unterminieren, wobei er Anspielungen und Spott als sein Werkzeug benutzte. Eines Tages hörte Sailosi ihn zufällig sagen: »Dies alte Fossil ist ein Reaktionär, ein halbgebildeter Schwachkopf.« Sailosi vergab ihm dies nie.

»Es macht mir überhaupt nichts aus, daß er mich einen Reaktionär nennt«, vertraute er am Abend seiner Frau im Bett an. »Es liegt in der Natur meiner Arbeit, reaktionär zu sein. Wie sonst können wir unsere Kultur bewahren?«

»Ganz recht«, erwiderte seine Frau, »ich stimme dir zweihundertprozentig zu. Aber ich wünschte, du würdest mir gegenüber manchmal ein bißchen reaktionär sein. Das bist du kaum noch dieser Tage.«

»Wir sind zu alt für solchen Unfug. Es macht mir auch nichts aus, daß er mich halbgebildet nennt. Das gefällt mir sogar. Man braucht keine Luxusdiplome, um auf den höchsten Stühlen zu sitzen. Alle diese jungen Leute, die von den Universitäten kommen, sind eine armselige Gesellschaft; sie sind so leicht zu durchschauen. Es macht mir Spaß, ihnen zu zeigen, wer der Herr ist.«

»Ganz recht, ich stimme dir zweihundertprozentig zu. Aber ich wünschte mir, du würdest auch mir zeigen, wer der Herr ist; weißt du, wie du's früher gemacht hast.«

»Mußt du denn so albern sein? Aber was ich nicht vertragen kann, ist, daß er mich einen Schwachkopf nennt. Das ist respektlos, um es milde auszudrücken. Und es ist eine Verunglimpfung unserer Familie. Ich werde ihm eine Lektion erteilen, die er nie vergessen wird.«

»Recht so, ich stimme dir zweihundertprozentig zu. Wie wär's, du würdest mir eine erteilen, die ich nie vergessen werde? Ach, so doch nicht, du halbgebildeter Schwachkopf!«

In den folgenden zwölf Monaten machte sich Sailosi zielstrebig daran, seinem Stellvertreter unmißverständlich seinen Platz anzuweisen. Er übersah, ihn für eine Gehaltserhöhung vorzuschlagen, nahm sich seiner Bitten erst dann an, wenn es zu spät war, sagte ja zu ihm, wenn er nein meinte, und ignorierte die meiste Zeit über seine Anwesenheit im Büro. Und als der Stellvertreter resignierte und nach Honolulu auswanderte, schnaubte Sailosi verächtlich, daß er aus Gründen der persönlichen Bereicherung sein Land verlassen habe.

Dem zweiten stellvertretenden Direktor, einem weiteren jungen Universitätsabsolventen, erging es unter Sailosi nicht besser. Und nach nur sechs Monaten auf diesem Posten reiste er nach Auckland, um an einem Seminar teilzunehmen, und vergaß zurückzukehren. Er vergaß sogar, seine Kündigung zu schicken.

Daraufhin vermied es Sailosi mit Fleiß, noch einmal einen überbegabten, fehlausgebildeten Tikong unter seinen Mitarbeitern zu haben. Und da er Mitglied der wichtigsten Komitees im Reich war, inklusive des treusorgenden Ausschusses des Öffentlichen Dienstes, gelang es ihm, seine mächtigen Freunde zu der weisen Einsicht zu bekehren, sich nach falsch ausgebildeten Einheimischen in ihren eigenen Reihen umzusehen und sie umzuerziehen. Aber anstatt die Anweisungen ihrer Ältesten mit offenen Armen aufzunehmen, verließen die Tüchtigen und Talentierten das Land. »Was soll's?« explodierte der verstockte Sailosi. »Was nützt es, eigene Akademiker und Techniker zu haben, wenn sie sich für nichts anderes als höhere Bezüge interessieren und so unsere geheiligten Traditionen verändern und unsere authentische Eingeborenenpersönlichkeit zerstören? Laßt sie doch gehen. Wenn sie glauben, daß das Land ohne sie kaputtgeht, dann irren sie sich. Wir brauchen sie nicht!«

Die Ereignisse gaben Sailosis kompromißloser Haltung bald recht. Etwa um diese Zeit entwickelten die früheren Mutterländer, nachdem sie die Welt verloren hatten, Gewissensbisse, daß sie sich in der Vergangenheit überall der eingeborenen Völker allzu freudig bedient hatten. Sie fühlten sich auch ziemlich bedrückt, als die Eingeborenen anfingen, sich im Tanz lustvoll nach den Klängen und nach dem Rhythmus der Balalaika zu drehen. Also begannen sie damit, unterbezahlte Freiwillige auf Fahrrädern und überbezahlte Experten und Sendboten in Limousinen in die ehemaligen Kolonien zu schicken, um das Unrecht wiedergutzumachen und um deren unbeständige Liebe zurückzugewinnen. Und die Große Internationale Organisation, gegründet, um erstklassige Beschäftigungsmöglichkeiten für die überzähligen, überausgebildeten Eliten notleidender Länder zur Verfügung zu stellen, entwickelte ebenfalls ein Schuldgefühl und schickte ihre Angestellten für kurze Zeitabschnitte in die Hauptstädte und Fünf-Sterne-Hotels der Dritten Welt, anstatt sie in den keimfreien, klimatisierten Komfort von New York, Paris oder Genf einzusperren.

Auf diese Weise wurden die Leerstellen, die durch die Flucht überbefähigter Tikongs entstanden waren, bereitwillig von ausländischen Experten, technischen Beratern, Freiwilligen und Dritte-Welt-Elite-Angestellten der Großen Internationalen Organisation ausgefüllt. Ergriffen vom Geist der Zeit, machte sich auch die sündenkranke, senile Sabbatisten-Kirche, die ihre Rolle nach Art geiler alter Männer gespielt hatte, daran, sich von ihren andersdenkenden Pastoren und Lehrern zu trennen und sie durch heilige Handlanger aus dem Ausland zu ersetzen. Es gab keinen Mangel an Ausländern, die sich bereitwillig herabließen, ins Land zu kommen, um die Besetzung von Posten mit Einheimischen wieder rückgängig zu machen. Ausländer waren nun einmal so billig, weil deren eigene Länder und Organisationen ihre Gehälter und andere Ausgaben zahlten; sie machten keine Probleme, denn sie waren angewiesen, etwas von ihrem Gehirn zu geben und niemals ihren Mund aufzumachen; und sie eroberten die Herzen der Eingeborenen wieder zurück, indem sie die ganze Zeit lächelten, selbst wenn ihnen nach Zähnefletschen zumute war. Sie waren oft verwirrt, enttäuscht und frustriert wie jeder andere auch, aber anders als andere ertrugen sie ihre Leiden in stoischer Haltung, trugen ihr christliches Kreuz mit buddhistischer Gelassenheit. Diejenigen, die das nicht ertragen konnten, verließen eilig das Land und wurden prompt ersetzt oder taten nichts, als daß sie die Tage zählten, bis sie den Staub von Tiko von ihren Füßen schütteln konnten.

Alles in allem war das Arrangement für alle Betroffenen äußerst bequem; die Ausländer bekamen Gelegenheit, die früher empfangenen Freuden ihrer Landsleute zurückzuerstatten und die Eingeborenen von der Balalaika wegzulocken; Tiko konnte einen staatlichen Dienst ohne Unterbrechung mit lächerlich niedrigen Kosten aufrechterhalten und war zugleich in der Lage, sich von denjenigen zu reinigen, die ihre authentische Eingeborenenpersönlichkeit verloren hatten. Darüber hinaus brauchten sich beide Seiten nur kurz zu ertragen, da die meisten Ausländer nach zwei, höchstens drei Jahren wieder fortgingen; sie reisten ab, kurz bevor sie durchdrehten oder zu viel wußten oder in die Lage kamen, wirklich zu schaden oder wirklich zu nutzen.

Und während die Wolken über die Brücke zogen und viel Wasser darunter herfloß, begann alles wieder zur guten alten Zeit zurückzukehren, als sich niemand über Bären beunruhigt oder von »Lokalisation« etwas gehört hatte. Und damit kam ein anderer Typ Ausländer, darunter eine wachsende Zahl alter Kolonialhandlanger. Diese Spätgekommenen und Rückkehrer empfanden keine Schuld für irgend jemandes Sünde und scherten sich einen Dreck um die unbeständige Liebe. Sie weigerten sich durchzudrehen und wußten mehr, als für irgend jemand gut war, wie Sailosi Atiu zu seinem tiefsten persönlichen Bedauern entdeckte.

Nach der Abreise der ersten beiden stellvertretenden Direktoren stellte Sailosi einen dritten ein, von dem er annahm, daß er in der bewährten Weise ausgebildet worden war. Der Stellvertreter war an einer Universität in Südindien gewesen, wo er die Grade eines BA, eines MA und eines Doktors der Philosophie erworben hatte, alle zusammen in zweieinhalb Jahren, und der sich, wie einige sagten, in Transzendentaler Meditation spezialisiert hatte. Ihm war gewiß die richtige Schulung zuteil geworden, aber mit ihm war nichts anzufangen, und er war seinem verärgerten Vorgesetzten zufolge weniger erleuchtet als ein bißchen beschränkt. Er hatte sich auch die indische Sitte des unaufhörlichen Redens und pointenlosen Argumentierens zu eigen gemacht. Sailosi bewerkstelligte geschickt seinen Abgang nach Australien, wo er jetzt auf brillante Weise zur Entwicklung des Landes beiträgt. Der vierte Stellvertreter, ausgewählt aufgrund der Stärke seines religiösen Eifers und seines ehrenwerten Auftretens, wurde entlassen und zu Zwangsarbeit und erzwungener Keuschheit verurteilt, weil er das Kleingeld des Büros unterschlagen und die verbotenen Früchte der Sekretärin des Direktors genascht hatte.

Nachdem er vergeblich nach einem geeigneten Kandidaten für den Posten des Stellvertreters Ausschau gehalten hatte, machte sich Sailosi schließlich daran, fachmännische Hilfe im Ausland zu suchen. Am Tag nachdem er seinen Antrag bei der Denkbehörde gestellt hatte, ging er für sechs Monate auf Urlaub nach Übersee, um bei seiner Heimkehr jemand anderen am Schreibtisch des Stellvertreters ein paar Schritte hinter seinem eigenen zu finden.

»Willkommen daheim, Sir. Wie geht es Ihnen? Mein Gott, Sie sehen fabelhaft aus«, grüßte das lächelnde, vertraute Gesicht.

»Was, um Himmels willen, machen Sie hier, Mr. Hobsworth-Smith?« rief Sailosi nach einer Minute schokkierten Ungläubigseins aus. Er bemerkte, daß sein früherer Vorgesetzter seinen Oberstenschnurrbart abrasiert hatte, seine steife Oberlippe ein wenig weicher trug und anstelle seines üblichen Safarihemdes, der Bengali-Shorts und knielangen Socken die Tikong-Nationalkleidung anhatte.

»Nennen Sie mich Eric, Sir«, erwiderte Eric mit einem liebenswürdigen Grinsen, das Sailosi eine Gänsehaut von unterhalb der Gürtellinie bis zu seinem Hinterkopf aufsteigen ließ. »Ich bin schon drei Monate hier als Ihr Stellvertreter und technischer Berater, äh … Sir. Stimmt irgendwas nicht? Nehmen Sie Platz, Sir, bitte«, beschwor Eric ihn mit stirnrunzelnder Besorgnis und trug einen Stuhl zu Sailosi, der darauf zusammenbrach. Eric lächelte und zog an seiner Falcon-Pfeife. Sailosi langte mit zitternder Hand nach seinem Taschentuch, wischte sich den von Gesicht und Hals triefenden Schweiß ab, murmelte irgend etwas, wie er fühle sich nicht ganz wohl nach dem langen Flug von Los Angeles, und ging fort.

Sobald er außerhalb des Gebäudes war, raste er zweihundert Schritte zu einer öffentlichen Telefonzelle, wählte eine Nummer, wartete und schrie: »Wer hat mir diesen Scheißkerl hergeschickt?«

»Welchen Scheißkerl? ... Ach so. Sie haben technische Hilfe beantragt und die Briten haben ihn geschickt«, antwortete der oberste Beamte der Denkbehörde.

»Aber ihn habe ich nicht haben wollen; nicht in einer Million Jahre!« schrie Sailosi. »Er ist ein absolut unverbesserlicher Hofhund.«

»Sie haben ihn nun einmal. Außerdem ist er ein reformierter Hofhund. Haben Sie nicht sein Lächeln gesehen?«

»Ich scheiß auf sein Lächeln! Er ist nicht reformiert. Hören Sie, er ist ein Wolf in einem Schafspelz. Er wird sich nicht damit zufriedengeben, nur Berater zu sein. Er wird versuchen, die ganze verdammte Schau wieder aufzuziehen, das ist die Wahrheit. Schaffen Sie ihn mir vom Halse, bitte.«

»Das können wir nicht machen. Wir können es uns nicht leisten, Entschädigungen zu zahlen, wenn wir den Vertrag kündigen. Nehmen Sie's nicht so schwer, er bleibt nur drei Jahre hier. Sie können mit ihm machen, was Hiti mit Mr. Higginbotham gemacht hat.«

»Sie machen Witze! Mr. Higginbotham wußte verdammt gut über alles in Tiko Bescheid; und er hatte ein Gewissen. Dieser Kriecher kennt Tiko zu gut, und er hat kein Gewissen. Er ist ein Gauner, das sage ich Ihnen!«

»Sind wir das nicht alle?«

»Leckt mich doch am Arsch!« Sailosi spuckte in die Muschel, knallte das Telefon hin und ging mit Riesenschritten heim, blind für alles, durch das er sich seinen Weg bahnte.

Am nächsten Morgen eilte er ins Büro, um vor allen anderen dort zu sein. Als er die Tür hinter sich schloß, schlich sich eine zuckersüße Stimme in sein Bewußtsein.

»Guten Morgen, einen schönen guten Morgen, Sir. Du lieber Himmel, Sie sehen aber ziemlich mitgenommen aus. Gehen Sie nach Hause und machen Sie sich's bequem. Ich werd mich ums Büro kümmern, Sir.«

»Ich bin ganz in Ordnung, und ich kann mich sehr gut um mich selbst kümmern. Danke, Mr. Hobsworth-Smith.«

»Gewiß können Sie das. Nennen Sie mich doch bitte Eric, ja, Sir?« bat Eric mit einer Bescheidenheit und Aufrichtigkeit, die Sailosi für diesen Tag den Rest gab. Er brach jetzt zusammen und weinte unkontrolliert, sagte etwas über seine geliebte Tochter, die er in Los Angeles zurückgelassen habe und nun vermisse, stieß sich selbst vom Stuhl und fand seinen Weg nach draußen, ein gebrochener Mann. Eric lächelte und paffte an seiner Falcon-Pfeife. Dies ging einige Tage so weiter, bis es Eric gelang, Sailosi zu überzeugen, daß er sich nicht mehr die Mühe zu machen brauche, überhaupt noch ins Büro zu kommen. Jeden Tag bringt ein Angestellter die Korrespondenz und die Akten in das Haus des Direktors. Sailosi gibt dem Angestellten telefonisch Anweisungen, der übermittelt sie an Eric, der sie wiederum bearbeitet, wie es ihm richtig erscheint.

So ist es in den letzten vierundzwanzig Monaten gelaufen, und Sailosi hat wenig getan, außer die Tage bis zur Abreise seines Stellvertreters zu zählen. Der Engländer seinerseits hat seine Zeit schlau genutzt, indem er jede Gelegenheit ergriff, seine stromlinienförmige Tüchtigkeit zur Schau zu stellen und die richtigen Leute zu seinen üppigen Dinnerpartys einzuladen. Und ohne Wissen Sailosi Atius hat Eric Hobsworth-Smith von den Leuten in Amt und Würden versichert bekommen, daß man ihn am Ende seines laufenden Vertrages für weitere drei Jahre behalten wolle, mit der Möglichkeit einer nochmaligen Verlängerung.

»Willkommen in Tiko!« sang Manu eines Tages, als er jemanden sah, der Eric, den er für einen Touristen gehalten hatte, ein Tiki verkaufen wollte.

Übersetzt von Renate von Gizycki

Der große Bockmist

Im Gegensatz zu den meisten Leuten im Dorf hat Pulu aufgehört zu beten und zur Kirche zu gehen, obwohl er weder ein Atheist ist noch ein Agnostiker. Er hat dem Herrn nicht vergeben, den er für seine Schwierigkeiten verantwortlich macht, die er kürzlich mit drei Kühen und einem Stier der neuseeländischen Entwicklungshilfe hatte. Pulu wollte sie als Starthilfe für eine Herde, die ihn zum reichsten Mann von Saisaipé hätte machen sollen.

Bevor er Viehzüchter wurde, hatte Pulu weder eine Kuh noch einen Stier jemals aufgezogen, obwohl er mit kleinen Tieren, von denen die unterentwickelten Schweine noch zu den größten zählten, beachtliche Erfahrung gesammelt hatte. Die Liebe für kleine Tiere entwickelte er bereits während seiner Kindheit, als er hartnäckig Katzen und Hunde großzog, obwohl sie ständig in den Kochtöpfen und Pfannen anderer Leute landeten.

Pulus Zuneigung zu Tieren war so groß wie seine Aversion gegen Pflanzen. Das galt jedoch nur während der Gartenarbeit, denn er weigerte sich nicht, Yams, Süßkartoffeln oder Bananen zu essen, unter der Bedingung, daß er sie nicht züchten muß. Die ihn gut kannten, sagten, daß seine Aversion gegenüber dem Gartenbau von der Sekundarschule herrührte. Mit zwölf trennte sich Pulu von seinen Katzen und Hunden und schrieb sich für Mathematik, Naturwissenschaften und Englisch im Potopoto College ein, um später die Universität besuchen und Tierarzt werden zu können. Statt dessen mußte er, da Potopoto zu wenig Geld hatte, zusammen mit vierhundert anderen Internatsschülern für die Nahrungsmittelversorgung der Schule die Hälfte seiner Zeit auf den Maniokfeldern verbringen. Die übrige Zeit war Pulu zu müde, um nur irgendwas zu lernen.

Niemand war überrascht, als Pulu mitten im zweiten Collegejahr aufgab, zu Vater und Mutter nach Hause kehrte und beteuerte, daß er nie mehr in die Schule zurückgehen und nie mehr Maniok oder irgendeine andere Pflanze anbauen würde. Konsequenterweise tat er zwanzig Jahre lang nichts anderes, als rund um sein Haus Katzen, Hunde, Hühner und Schweine zu züchten. Aber da er keine Felder hatte, mußten seine Tiere vor allem für sich selbst sorgen, was sie fies und hinterlistig machte und deshalb sicher vor Diebstahl. Das ermöglichte Pulu, in ganz Saisaipé die größte Sammlung dürrer, kleiner Tiere zu halten.

Während einer der zahlreichen Inspektionen seiner Herde hörte Pulu zwei Nachbarinnen miteinander reden.

»Ja, Ohule ist soeben von Tulisi zurückgekehrt.«

»Was hat er dort gemacht?«

»Nun, weißt du, so etwas Verrücktes hast du noch nie gehört. Er versuchte sein Glück. Er sagte, wenn er diese Burschen im Landwirtschaftsministerium hereinlegen könnte, würden wir eine ganze Kuh fürs Weihnachtsessen haben.«

»Und wie wollte er das anstellen?«

»Versprich, daß du es für dich behältst!«

»Du kennst mich doch, ich werde zu niemandem etwas sagen.«

»Ich kenne dich nur zu gut, und wenn du es verrätst, reiß ich dich in Stücke! Also, es geht um folgendes. Als ich letzte Nacht von einer Chorprobe in der Gemeindehalle nach Hause ging, nahm ich die Abkürzung dort drüben und ging zufälligerweise am Fenster von Taulevas Schlafzimmer vorüber. Du kennst mich, ich lausche nicht, das ist widerlich und verstößt gegen die Regeln der School of Angels; als ich aber auf der Höhe des Schlafzimmerfensters war, mußte ich diesen schrecklichen Lärm anhören. Er war so entsetzlich und lenkte mich derart von meinem Weg ab, daß ich meinen Kopf am Fenstersims anschlug. Du kannst dir den Schmerz vorstellen! Ich hörte auf, meinen armen Kopf zu reiben, doch der furchtbare Lärm hörte nicht auf und wurde lauter und lauter. Er beunruhigte mich so sehr, daß der Schmerz von alleine wieder ging! Aber der Lärm hörte immer noch nicht auf, und weißt du, was es war? Nun, du kennst mich, ich hasse es, Gerüchte zu verbreiten, wirklich, Gott ist mein Zeuge, aber der alte Sapele und die alte Soana trieben es schon wieder, und sie machten wieder solch einen Lärm! Immer wenn ich an diesem Fenster vorübergehe, tun sie es, immer und immer wieder, und das in ihrem Alter! Kannst du dir das vorstellen? Und obwohl mein Kopfweh verschwunden war, war ich immer noch etwas belemmert, deshalb lehnte ich an den Fenstersims, um mein Gleichgewicht zu halten, und zufälligerweise blickten meine Augen genau durch einen Spalt in den Vorhängen, und die Dinge, die ich da sah, waren widerlich, höchst widerlich! Und sie hatten das Radio an, aber es konnte den Lärm nicht übertönen, und Sapele war nur halb bei der Sache, denn er zählte von tausend rückwärts – er zählte laut, stell dir das vor! Einmal hatte er Soana gesagt, ich habe es erst kürzlich genau vor diesem Fenster gehört, er sagte ihr also, daß er es mache, um ihr länger Vergnügen bereiten zu können, kannst du dir das vorstellen! Wie auch immer, als Soana eben kurz davor war, den Höhepunkt zu erreichen – das verriet einem das Geräusch, das sie von sich gab –, hörte Sapele plötzlich auf und setzte sich hin, einfach so, um Himmels willen! Und ich sah es zufälligerweise mit meinen eigenen zwei Augen! Und wie wütend Soana da war! Ich war auch wütend, wirklich! Wie auch immer, Soana sprang auf und schlug und schlug ihn immer wieder, ich hätte ihn auch geschlagen, so wütend war ich! Und er bat sie aufzuhören, denn er hatte es absichtlich getan, er hatte es absichtlich gemacht, um Himmels willen! Und das verschlug Soana vollends die Sprache, und mir auch, wenigstens beinahe. Ich war rasend vor Wut! Und Soana war so fuchsteufelswild, daß sie zu Boden fiel und bitterlich weinte, und mir kamen auch die Tränen, und weißt du, was dieser Dreckskerl sagte, als wir so weinten? Er war so unverschämt, sie zu fragen, ob sie die Ansage im Radio gehört habe, das war es, was der Dreckskerl sagte, stell dir vor! Ich war so wütend! Und Soana war so wütend, daß sie aufstand und hinauseilte, um endgültig zu ihrer Mutter zurückzukehren, und ich versteckte mich unter dem Haus und schlug meinen Kopf noch einmal an, armer Kopf! Kaum war sie auf der Straße, merkte Soana, daß sie nichts anhatte, sie war splitterfasernackt, stell dir vor! Also rannte sie zurück, und das löste die Spannung, und die beiden lachten und lachten, und ich hätte beinahe auch in das Gelächter eingestimmt, aber nur beinahe! Deshalb biß ich in meinen Arm, um nicht laut herauszulachen, und noch bevor ich es merkte, taten sie es schon wieder, um Himmels willen! Und Soana war so erleichtert und glücklich, und ich war auch so erleichtert und glücklich, das kannst du mir glauben! Und später, als wir wieder zu Atem gekommen waren, erzählte er, daß er bei sechshundert mit Zählen angelangt war, aber das war eine verdammte Lüge. Denn so lange kann er es gar nicht, du kannst es mir glauben, weil ich sie vorher schon so oft per Zufall gesehen habe; wie auch immer, er sagte, als er bei sechshundert war, habe er im Radio gehört, daß jeder, der an einer Viehherde interessiert sei, mit dem Erziehungsministerium, ich meine dem Landwirtschaftsministerium, Kontakt aufnehmen solle. Sapele war sehr interessiert, und das war es, was ihn auf seiner Spur gestoppt hatte, wie ich bereits sagte. Dann sagte er zu Soana, daß er am Morgen in die Stadt gehen würde, um zu versuchen, für die Hochzeit ihrer Tochter, die im nächsten Monat stattfinden soll, vom Ministerium eine Kuh zu bekommen. Und da fühlte ich mich auch schon besser, fühlte mich nicht mehr so angeschlagen, und weil ich es ja eigentlich hasse, jemanden zu belauschen, wirklich, ich hasse es, ging ich nach Hause und erzählte alles Ohule, aber der war überhaupt nicht an Sapeles Sexleben interessiert, denk dir nur! Alles, was mir dieser Nichtsnutz sagte, war: Gut, wir werden zu Weihnachten eine ganze Kuh haben! Heute morgen sprang er aus dem Bett und verkündete, daß er in die Stadt gehen würde, um diese Burschen vom Ministerium reinzulegen, wie ich sagte, und weg war er!«

»Wie kommt es, daß diese Burschen Kühe zum Verschenken haben?«

»Er sagte, die Kühe kämen von der neuseeländischen Entwicklungshilfe. Anscheinend wollen die Kiwis aus Tiko eine Weide machen, indem sie allen Interessierten mit einer kleinen Starthilfe einen großen Erfolg bescheren wollen. Nun, Ohule braucht gewiß einen größeren Erfolg als den, den er bereits hat, aber weißt du was? Alles, was ihn interessiert, ist das Essen für Weihnachten, und bis dahin sind es noch sechs Monate, stell dir vor!«

»Und was geschah in Tulisi? Hat er irgendwas gekriegt?«

»Nein, hat er nicht, das ist ja das Verrückte. Er kam nicht mit einem Tier zurück, sondern mit zweien, stell dir vor! Mit einer verdammten Kuh und einem verdammten Stier, und er sagte, er sei nicht am großen Erfolg interessiert. Gerade jetzt ist er dort draußen und mästet die Tierchen für Weihnachten. Herr, steh mir bei, bis nächstes Jahr ist mit ihm nichts mehr anzufangen, um Jesu willen!«

Pulu war sehr beeindruckt von dem, was er da gerade gehört hatte. Er war weder an Sapeles ehelichem Auf und Ab interessiert noch am Weihnachtsessen, wohl aber an kleinen Anfängen und großen Erfolgen. Also ging er am nächsten Tag nach Tulisi und bekam, ohne daß es ihn etwas gekostet hätte, drei Kühe und einen Stier mit vier Ketten und Halsbändern, um sie an den Kokospalmen festzubinden.

In der ersten Nacht neigte Pulu sein Haupt, dankte Gott für die Leute in Neuseeland und bat Ihn, Er möge dafür sorgen, daß sie weiterhin so großzügig seien und ihm, Pulu B. Makau helfen würden, der größte Viehzüchter in Saisaipé und jenseits der Grenzen zu werden.

Und als er an seine Herde dachte, kletterten seine Hoffnungen hoch hinauf, erreichten die Höhe einer alten Kokospalme. Bis jetzt hatte er nur kleine Tiere gezüchtet, mit schlagendem Erfolg, da keines je verlorengegangen war. Nun wandte er sich, wie der Herr es gewollt hatte, größeren Dingen im Leben zu, Tieren, die viel größer waren als jene, mit denen er bis jetzt zu tun hatte.

Aber in der zweiten Nacht verschwand Pulus fetteste und freundlichste Kuh samt Halsband, Kette und allem, um nie mehr wieder gesehen zu werden. Er suchte sie und betete zum Allmächtigen, daß die Kuh zurückkäme, aber ohne Erfolg. Zur selben Zeit beobachtete er, wie gewisse Leute in Saisaipé mit einem seltsamen Lächeln auf ihren Gesichtern herumgingen und Bäuche spazierentrugen, die mehr vorstanden als normalerweise. Er ahnte das Schlimmste und war ziemlich niedergeschlagen, denn ohne einen Beweis konnte er nichts unternehmen.

Während der folgenden Wochen befahl Pulu seinen Kindern, nachts bei den Kühen und dem Stier zu schlafen, um sie vor dem Bösen zu schützen. Und als die Tiere größer und runder wurden, kam in ihm auch wieder Hoffnung auf einen großen Erfolg auf.

Als sein ältester Sohn aus dem Busch mit einer Bananenstaude zurückkam, die er im Garten eines Nachbarn gefilzt hatte, wurde er in einer stürmischen Nacht vom Blitz getroffen.

Ganz Saisaipé kam zum Begräbnis, da alle mit einem Leichenschmaus rechneten. Pulu schlachtete all seine Hühner und Schweine, verteilte sie an die Dorfbewohner und bat sie zu verschwinden, da er ihre wertvolle Zeit nicht beanspruchen wollte. Also trugen sie das Fleisch nach Hause, nur um wiederzukehren und noch ein bißchen zu trauern. Als er sie zurückkommen sah, zählte Pulu seine Tiere, stellte fest, daß sie nicht reichten, und weinte.

Am nächsten Morgen borgte er Geld von seinen Verwandten und kaufte eine Wagenladung Brot, die er den Dorfbewohnern schenkte, und er bat sie zu gehen, da sie Kinder zu waschen und Gärten zu bestellen hätten. Die Trauergäste aßen ihr Brot und zeigten überhaupt keine Lust zu gehen.

Da wurde Pulu klar, daß Saisaipé hinter einer Kuh her war. Allein dieser Gedanke stürzte ihn in Verzweiflung, er raufte sich sein Haar und schlug seinen Kopf gegen die Wand. An diesem Abend informierte er den Allmächtigen, daß er, Pulu B. Makau, wenn es denn Sein Wille sei, sich von einer weiteren Kuh zu trennen, wie Er es von Hiob vor langer, langer Zeit verlangt hatte, nicht anders könne, als zu gehorchen. Er wartete auf ein Zeichen, sah einen Gecko von der Decke fallen und wußte, was getan werden mußte. Am nächsten Tag tötete er eine Kuh und verteilte die Stücke an die Trauergäste, die ihr Fleisch nahmen und schnell verschwanden.

Pulu war monatelang schlecht gelaunt. Sein ältester Sohn, all seine Hühner und Schweine und die Hälfte seines Entwicklungsprojekts hatten sich in nichts aufgelöst. Er nahm die Kuh, die ihm noch blieb, und den Stier, band sie außerhalb seines Hauses fest und schickte seine Kinder in den Busch, um Futtergras zu holen. Und jeden Tag flehte er den Allmächtigen an, seine Familie vor dem Tod zu bewahren, bis sich seine dezimierte Herde wieder erholt hatte.

Da Pulu aber ein Mann mit praktischen Veranlagungen war, traf er auch weltliche Vorkehrungen und ging zu seinem vernachlässigten, dreiundneunzigjährigen Großvater, der neuerdings Zeichen gab, daß er bald sterben würde.

»Bist du es tatsächlich, Pulu?« fragte der fast blinde alte Mann.

»Ja, Opa, ich bin's.«

»Was treibt dich so völlig überraschend hierher?«

»Ich wollte sehen, wie es dir geht.«

»Was hast du für Probleme? Du hast mich seit sechs Jahren nicht mehr besucht. Du mußt in Schwierigkeiten stecken. Spuck es aus. Was willst du?«

»Ich habe keine Probleme, Opa, ich will dir nur helfen.«

»Mir helfen, sagt er. Warum jetzt, wo es zu spät ist, Pulu? Du hast für mich nie etwas getan, solange ich mich erinnern kann. Ich brauche deine Hilfe nicht, Enkel, nicht heute und nicht morgen. Ich denke, du kamst, um mich sterben zu sehen.«

»Das ist das letzte, was ich will, Opa. Ehrlich. Alles, was ich will, ist dich nach Hause nehmen, für dich sorgen und schauen, daß du so lange lebst, wie du willst.«

»Dein Zuhause war nie mein Zuhause. Und ich wünsche nicht, lange zu leben. Ich habe genug von diesem Leben.«

»Sag das nicht, Opa. Ich möchte, daß du noch mindestens fünf Jahre lebst, am liebsten noch länger. Schau, Opa, ich züchte eine Viehherde, und ich möchte, daß du lebst und sie siehst, wenn sie richtig groß ist. Ich möchte, daß du auf den einzigen Sohn deines einzigen Sohnes stolz bist.«

»Damit wir uns richtig verstehen, Pulu: Ich will nie und nimmer etwas von dir sehen. Laß mich bitte in Ruhe sterben. In ein paar Tagen werde ich tot sein.«

»Nein, Opa. Das darfst du nicht! Wenn du jetzt stirbst, wirst du kein großes Begräbnis haben. Und ich werde meinen einzigen Stier und eventuell auch die Kuh töten müssen. Halte noch mindestens fünf Jahre durch. Ich verspreche dir, zwölf Kühe zu töten, wenn du erst dann stirbst. Wir werden für dich das größte und schönste Begräbnis organisieren, das Saisaipé je gesehen hat. Oh, nein, Opa? Opa! Wach auf, Opa! Ich werde mich mit dir versöhnen, ich verspreche es dir, wach auf! Bitte, um Gottes willen, stirb noch nicht! Bitte, tue mir das nicht an! Oh, mein Gott, was wird aus meinem Entwicklungsprojekt?«

Und einmal mehr kam ganz Saisaipé zur Beerdigung. Mittlerweile war Pulu weiser geworden, und ohne noch einmal zu irgend jemandem zu beten, befahl er seinen Cousins, den Stier zu töten. Weil die aber nur halb so schlau waren wie er, verstanden die Cousins seine Anweisung falsch, erschossen die Kuh und verteilten sie an die Trauergäste, welche ihren Anteil packten und schnell verschwanden, trockenen Auges.

Zurückgelassen mit einem Stier und konfrontiert mit dem Problem, ohne Kuh eine Herde züchten zu wollen, ging Pulu den neuseeländischen Viehberater für die hiesige

Bevölkerung, der in der Kabine seiner Yacht an irgend etwas herumbastelte, um Rat fragen.

»Warten Sie bitte draußen. Ich bin in einer Sekunde bei Ihnen«, kam die freundliche Stimme aus der Kabine. Eine Stunde später tauchte der Experte auf, halb durchnäßt und überall mit Fett verschmiert. »Entschuldigung, ich mußte ein Leck flicken, bevor es zu spät war. Was kann ich für Sie tun?«

»Ich habe ein Problem, Sir.«

»Sie haben ein Problem. Ich habe ein Problem. Alle haben Probleme. Wenn es keine gäbe, wäre ich nicht in diesem Land, oder etwa doch? Entschuldigung, was ist Ihr genaues Problem?«

»Es ist folgendermaßen, Sir. Ich möchte eine Viehherde züchten, und zwar die größte in unserem Dorf, aber mein ganzer Besitz ist ein Stier. Können Sie mir weiterhelfen?«

»Wie kann man überhaupt auf diese Weise ein Unternehmen starten wollen? Das ist wie ein Pferd am Schwanz aufzäumen. Aber ich denke, ich bin hier, um das Unmögliche möglich zu machen. Dafür sind Experten schließlich da. Sie haben also einen Stier, aber keine Kühe, und Sie möchten einen Haufen Kälber. Richtig? Jesses, ich denke nicht, daß ich dieses Problem lösen kann. Bei Stieren gibt es keine jungfräuliche Geburt, wissen Sie. Sind Sie sicher, daß Sie okay sind? Entschuldigung, ich wollte Sie nicht kränken, das ist einfach die beste Geschichte, die ich in all den Jahren gehört habe.« Der Experte hielt einen Moment inne und schüttelte den Kopf, so als ob er etwas aus dem Ohr schütteln wollte. »Ja, ich denke, ich hab's. Sagen Sie, ist die Männlichkeit des Stiers vollkommen und unversehrt?«

»Ich versteh nicht ganz, was Sie meinen, Sir.«

»Versuchen wir es einmal anders. Ist Ihr Bulle gut ausgestattet? Sie verstehen mich immer noch nicht, hä? Nun denn, lassen Sie mich eine weniger komplizierte Frage stellen. Wo zum Teufel haben Sie diesen verdammten Stier her?«

»Sir, er kam aus Neuseeland.«

»Gütiger Himmel, warum haben Sie das nicht gleich gesagt? Dieser Stier ist hundertprozentig vollkommen, unversehrt und gut ausgestattet! Neuseeländer schicken nie Blindgänger ins Ausland. Ich wette zehn Dollar, daß dieser hübsche Kiwi-Zuchtbulle alle Tikong-Huren an nur einem einzigen Tag vögeln kann, und zwar mit links. Du hast gar keine Probleme mehr, Pulu. Laß den Kopf nicht hängen, und hör genau auf den Ratschlag eines Experten. Die Situation ist folgende: In Tiko gibt es viele Kühe, nicht wahr? Aber es gibt nur wenige Stiere, ja? Nun, laß uns das hoffen. Nun stell dir einmal vor, du vermietest deinen Stier, damit er die Kühe anderer Leute deckt, und jedes zweite Kalb gehört dir. Wieviel würdet du dann kriegen?«

»Drei Jahre Gefängnis für Zuhälterei, Sir.«

»Zuhälterei, das glaubst du wohl selber nicht! Wir haben es hier mit anständigen dummen Tieren zu tun und nicht mit ein paar abgetakelten Nutten. Und das ist die übliche Praxis in jeder großen christlichen Nation, inklusive Gottes Reich. Wenn du wirklich mit nur einem Stier die größte Herde züchten willst, ist das der einzige Weg. Wenn du meinen Rat abschlägst, vergiß dein Entwicklungsprojekt oder versuche, deinen Stier zu jungfräulichen Geburten zu bewegen. Ich denke, der australische Tierarzt kann dir dabei helfen.«

Pulu ging nach Hause, dachte darüber nach und entschied sich schließlich widerstrebend, dem Rat des Neuseeländers zu folgen. Er führte seinen Stier von Dorf zu Dorf und hielt Ausschau nach Kühen. Schnell fand er heraus, daß seine Aufgabe viel schwieriger war, als er sich vorgestellt hatte, denn alle Kuhbesitzer hatten auch einen oder zwei Stiere und brauchten deshalb keinen Extraservice. Dennoch gab er nicht auf, und so geriet er schließlich doch noch an jemanden, der eine Kuh, aber keinen Stier hatte. Der Besitzer war ein älterer Geistlicher, der fünfzig Jahre lang gegen jegliche Sünden gepredigt hatte, vor allem gegen fleischliche Sünden, welche er als widerlich und ohne Aussicht auf Erlösung erachtete. Seine Schäfchen erzählten Pulu, daß es keine Kälber gegeben hätte, obwohl er das Tier schon seit drei Jahren hatte. Pulu hielt seine Chance endlich für gekommen, mit dem heiligen Mann und seiner Kuh einen Handel abzuschließen.

Also stellte er sich, gefolgt von seinem Stier, dem Geistlichen vor, der auf der Veranda seines Hauses saß.

»Gott segne dich, mein Sohn«, sagte der Geistliche fromm, nachdem Pulu neben ihm auf einem Rohrstuhl Platz genommen hatte. »Was hat dich an diesen abgelegenen Ort geführt?«

»Ich wollte dich besuchen, Vater, und ich habe Naivalo mitgebracht.«

»Naivalo? Wer ist Naivalo, wenn ich fragen darf?«

»Er steht dort drüben, Vater: ein Stier.«

»Aha. Er ist tatsächlich ein hübsches Geschöpf; und du hast ihn zu mir gebracht?«

»Ja, Vater.«

»Gott segne dich tausendmal, mein Sohn. Und vielen, vielen Dank für deine Großzügigkeit. Gott sei Dank. Er hat meine Gebete erhört, wie Er es schon viele, viele Male zuvor getan hat. Schau, wir bauen eine neue Klinik, aber wir haben einige finanzielle Probleme. Wir brauchen nochmals vierhundert Dollar für das Dach. Ich habe gestern bis lange in die Nacht hinein gebetet und den Himmlischen

Vater angefleht, uns zu helfen. Heute hat Er uns dich geschickt, mir dieses schöne Tier zu schenken, das gerade die Summe einbringen wird, die wir brauchen. Wir sind höchst …«

»Hm, Vater, es tut mir sehr leid, aber es verhält sich etwas anders. Naivalo ist geschäftlich hier. Er und ich möchten Ihnen helfen, aber das muß auf einer langfristigen Basis geschehen. Sie haben dort drüben diese hübsche, süße Kuh, Vater. Sie brauchen Kälber, und wenn die Kälber groß sind, können Sie so viele Dächer haben, wie sie brauchen. Aber um zu Kälbern zu kommen, brauchen sie mindestens eine Kuh und einen Stier. Ich weiß, das ist für Sie schwierig nachzuvollziehen, Vater, da Sie nie verheiratet waren und nie erfahren haben, was es bedeutet, aber, Vater, ich muß nun zur Sache kommen. Sehen Sie, Naivalo möchte sich mit ihrer süßen und hübschen Kuh anfreunden, Sie verstehen, was ich meine. Er ist ein Neuseeländer aus einer guten Familie und ist sehr stark und laut dem neuseeländischen Viehberater für die hiesige Bevölkerung kann er an einem einzigen Tag mit allen Huren vögeln …«

Doch Pulu konnte seinen Satz nicht mehr beenden, denn der Priester fing an zu toben, schlug ihn mit einer für sein Alter überraschenden Energie ins Gesicht und warf ihn aus dem Haus.

»Nein!« schrie er Pulu und Naivalo nach, die schnell das Weite suchten, »meine Kuh ist eine Jungfrau und wird keine Sünde begehen, solange ich lebe!«

Obwohl dieser Vorfall ihn erschütterte und bestürzte, beschloß Pulu weiterzusuchen. Unerbittlich durchforstete er das ganze Land, bis er eines Tages auf Manu stieß, der eine Kuh für einen Freund hütete, einen sogenannten Aleki Lahi, einen Staatsangestellten zweiter Klasse, der die

Viehzucht im Nebengeschäft als gewinnbringender einstufte als seine Hauptbeschäftigung.

»Wie geht es dir, mein Freund?« rief Manu.

»Ich stecke in Schwierigkeiten, und der Herr hat mich verlassen«, sagte Pulu und setzte sich, um ihm sein Herz auszuschütten, und danach erzählte ihm Manu von Alekis Mißgeschick mit seinem Vieh.

Es stellte sich heraus, daß Aleki von der Australischen Entwicklungshilfe für die Pazifischen Inseln eine Starthilfe für ein erfolgversprechendes Unternehmen gekriegt hatte. Und aus Gründen, die nur die Australier kennen, haben sie ihm für den Start drei Stiere und eine Kuh geschickt. Nach nur zwei Monaten jedoch hatte sich ein Stier, dessen Hals für die Kette zu groß geworden war, selbst erwürgt. Er wollte sich von seiner Kette befreien, als er von seiner Heimat träumte, wo er ungebunden herumstreifen konnte. Ein anderer endete als Festessen anläßlich der Einweihung einer neuen Kirche, in der Aleki Türwächter war und Gebühren und andere Formen heiliger Erpressung einkassierte. Bald danach besuchte ihn der oberste Chef seines Bezirks, zeigte mit dem Finger auf den übriggebliebenen Stier und erklärte: »Dieses Tier wird mir gehören, wenn es ordentlich gemästet ist.« Alekis Herz sank, aber weil er zum Gehorsam erzogen und dem Chef wegen seiner Staatsstelle verpflichtet war, riß er sich zusammen, kastrierte den Bullen und begann ihn zu mästen. So blieben Aleki noch eine Kuh – und ein Stier ohne Hoden, unfähig zum Decken.

Manu, der die Jammergeschichten hörte und die gegenwärtigen Entwicklungen in Tiko haßte, hatte soviel Erbarmen mit seinen Freunden, daß er seine Aversion erst einmal aufschob und Aleki dazu überreden konnte, seine Kuh zusammen mit Pulus Stier in einen Pferch zu stecken, damit die sich gegenseitig trösteten und vermehrten. Aber da geschah etwas Unvorhergesehenes: Aus einem unerklärlichen Grund wurde die Kuh wild und gemein und erlaubte niemandem, sich ihr zu nähern; und der Stier humpelte, aus ebenso unerklärlichem Grund, in eine Ecke und saß unbeweglich da und schaute verwirrt und beschämt drein.

Das war schrecklich, sagte Pulu, der einmal mehr den neuseeländischen Viehberater für die hiesige Bevölkerung konsultierte. Der große Experte untersuchte die Tiere genau, kratzte sich am Kopf und schrie überrascht los: »Mein Gott, diese dumme australische Kuh ist eine Lesbe!«

»Was ist eine Lesbe, Sir?« fragte Aleki, der das Wort noch nie zuvor gehört hatte.

»Vergiß es, besser, wenn du das nicht weißt«, erwiderte der Neuseeländer. Aleki, der sich mit dieser Auskunft nicht zufriedengab, wandte sich an einen Tierarzt, der eine parlamentarische Delegation von Australiern auf ihrer Reise durch Tiko betreute. Der Arzt untersuchte die Tiere vom Kopf bis zum Schwanz, stupste sie hierhin und dorthin, beobachtete zwei Tage und zwei Nächte lang ihr Verhalten, packte Pulu am Arm und sagte: »Sie werden es nicht glauben, Mann, aber dieser verdammte neuseeländische Bulle ist impotent.«

»Was heißt impotent, Sir?«

»Jesses. Vergiß es, ist nicht weiter wichtig«, antwortete der Australier und ging davon.

Aber Manu, der die esoterischen Wörter der Experten notiert hatte, konsultierte ein Wörterbuch, grinste von einem Ohr zum anderen und brüllte dann vor Lachen. Viele Jahre lang hatte er gegen den Fortschritt gepredigt, aber niemand hatte sich die Mühe gemacht zuzuhören. Diesmal war Manu sicher, daß sich das Blatt zu seinen Gunsten gewendet hatte, er schwang sich auf sein Fahrrad und radelte über die ganze Insel mit einem Plakat, auf dem stand:

> Entwicklung ist eine Lüge
> Tiko weiß verdammt gut Bescheid.
> Australische Kühe sind lesbisch,
> und neuseeländische Stiere sind
> auch zu nichts gut.

Er hatte bei mindestens zwei Männern Erfolg. Aleki Lahi gab seine Hoffnung auf, mit Tieren reich zu werden, und fand sich damit ab, von seinem mageren Staatslohn leben zu müssen. Pulu B. Makau verkaufte seinen Stier, kaufte sich mit dem Erlös Hühner und Schweine und begann wieder mit der größten Sammlung von dürren, kleinen Tieren in ganz Saisaipé. Und beide Männer schworen, niemals wieder um Hilfe zu bitten oder irgendeinen Bockmist von Tiko, Australien oder Neuseeland anzunehmen.

Übersetzt von Ina Boesch

Selig sind die Sanftmütigen

Man sagt, daß ein Amerikaner gern große Schritte macht, selbst wenn er klein ist, und daß er gelegentlich einen Riesenschritt oder zwei für die Menschheit tut, obwohl die Menschheit ihn nicht darum gebeten hat. Viel Glück, sagt Manu, und möge er lange leben angesichts der Energiekrise, der steigenden Arbeitslosigkeit, der herunterfallenden Himmelslabors, angesichts der Sorge um die Menschenrechte und des Schulterns anderer schwerer globaler Verantwortlichkeiten, wie es einem Mitglied der Größten Nation der Erde wohl ansteht.

Ein Tikong andererseits neigt dazu, kleine Schritte zu machen, selbst wenn er groß ist, und er wird nicht einmal einen zwergenhaften Schritt tun, wenn er es vermeiden kann. Er lebt normalerweise zu lange, weil er es liebt, seine Energie zu konservieren, was er mit beneidenswertem Erfolg einfach dadurch erreicht, daß er so wenig wie möglich tut oder, wenn er kann, überhaupt nichts. Er muß sich nicht um die Menschenrechte sorgen, nicht einmal in seinem eigenen Dorf, weil er niemals von solchen Dingen gehört hat. Darüber hinaus hat er keine globale Verantwortlichkeit, denn er ist Bürger eines winzigen Landes, so klein, daß der Menschheit geraten wird, nicht auf einem Schulglobus danach zu suchen, denn es wird nur eine vergebliche Suche sein. Fast immer lassen die Kartographen Tiko ganz aus ihren Karten heraus, denn man kann ihnen nicht zumuten, nach einem Punkt zu suchen, der hinreichend klein ist, um es getreulich wiederzugeben, und gleichzeitig groß genug, um ohne Hilfe eines Mikroskops wahrgenommen werden zu können. So viel zur Einführung; laßt uns nun zum Punkt zurückkommen. Der Punkt ist Puku Leka, der nicht wirklich ein Punkt ist, sondern ein großer Mann, der klein erscheint.

Aber wieso kann ein großer Mann winzig aussehen, könnte man mit Recht fragen, besonders wenn man niemals in Gegensätzen gedacht oder niemals einen Fuß auf Tiko gesetzt hat, wo alles gleichzeitig möglich und unmöglich ist. Wir können diesen Punkt illustrieren, indem wir einige Beispiele aus der Lebensgeschichte von Puku Leka herausnehmen, in dessen stattlicher Person der Adel verkörpert ist, der die bescheidene Bürgerschaft von Tiko charakterisiert.

Jetzt vierzig Jahre alt, kam Puku an einem regnerischen Tag auf die Welt, ein zwölf Pfund schweres Baby und das letzte von drei Kindern, das Mr. und Mrs. Tuki Leka geboren wurde, die sich getreulich an den Satz des alten Testaments hielten, daß man regelmäßig den Gegenstand seiner Zuneigung prügelt. Mr. und Mrs. Leka führten ein Leben voller Glück und Zufriedenheit, eine wunderbare Ehe, die durch Mr. Lekas Scharfsinn und Weisheit zustande gekommen war. Zu Beginn ihres ehelichen Lebens war Mrs. Leka ein außergewöhnlich hübsches, lebensfrohes, eigenwilliges und offenherziges Mädchen. Innerhalb von drei Jahren hatte Mr. Leka Lebensfreude, den Eigensinn und die Offenherzigkeit geglättet und ausgebügelt, einfach dadurch, daß er Mrs. Leka schlug und auspeitschte, wann immer sie etwas sagte oder tat, was ihm mißfiel.

Selbst im hohen Alter war Mrs. Leka noch immer schön, aber sie war nun eine leise sprechende, zurückhaltende Frau, die ihrem Ehemann gehorchte, ihn respektierte und liebte. Sie machte oft Scherze darüber, wie sie Mr. Leka dergestalt zu schlagen pflegte, daß sie die Sinne verlor, und über die anderen gerechten Heimsuchungen ihres Vielgeliebten. Mr. Leka lächelte dann immer wie ein Patriarch, im ungetrübten Bewußtsein, eine Aufgabe exemplarisch erfüllt zu haben. In ihrem späteren Leben schlug Mr. Leka Mrs. Leka nur noch gelegentlich, ungefähr einmal alle drei Monate: einen heftigen Stoß hier und einen schnellen Tritt da, sanfte, zärtliche Erinnerungen daran, wer der Boß sei.

Was Puku anbelangt, so war er als Kind wirklich glücklich dran, weil er einen älteren Bruder und eine ältere Schwester hatte, die ihn zusätzlich zu seiner Mama und seinem Papa zurechtschlugen und ihn in die anerkannte Form zerrten und preßten, immer in liebevoller Wut. Wenn er außer der Reihe sprach, etwa wenn er es wagte, bei den Mahlzeiten um mehr zu bitten, oder wenn er in seiner Not unbedacht ein unpassendes Wort äußerte, wurde er scharf zurechtgewiesen oder, noch häufiger, verhauen, bis er still war. Stand er auf, wenn er ruhig sitzen sollte, wurde er unnachgiebig zusammengeschlagen, und ein Schmerz schoß wie ein Pfeil von seinem Hinterteil aufwärts durch das Rückgrat bis in seinen Schädel und schickte die angemessenen Botschaften des guten Willens in sein Gehirn. Wenn er sich davonstahl und zu lange mit anderen Kindern spielte oder wenn er zwei Stunden brauchte, um eine Nachricht zu übermitteln, die ihn nur fünf Minuten hätte kosten dürfen, mußte er zur Strafe zehnmal um den Hof laufen, um so zu seiner körperlichen Entwicklung und Fitneß beizutragen.

Seine bezaubernde Schwester hatte eine bevorzugte und wohltätig wirksame Methode, ihn zu formen. Wenn er sie aufzog oder häufiger, wenn sie das Gefühl hatte, daß er es tat, packte sie immer sein linkes Ohr, drehte es und zog es nach oben: Er reckte dann den Kopf, stand auf Zehenspitzen und verzog sein Gesicht in herrlicher Hilflosigkeit. Als

Folge davon wurde sein linkes Ohr zweimal so groß wie das andere und vergrößerte dadurch sein Hörvermögen enorm.

Sein Vater erinnerte ihn täglich daran, was Jehova denen antat, die Ihm wohlgefielen, und denen, die Seinen Zorn erregten. Obwohl Puku die Idee Himmlischer Belohnung beglückend fand, war es die Vorstellung von der Strafe des Herrn, die er lebhaft in seinem Herzen bewahrte. Er träumte manchmal, wie er gevierteilt und dann Bissen für Bissen an das Ewige Feuer verfüttert wurde, und er gab immer wieder brüllend und schreiend das Versprechen ab, er wolle ewig rein bleiben. Er entwickelte einen gesunden Respekt für den Herrn.

Zusätzlich zu seiner Formung durch Schläge und Püffe und der Androhung, im Ewigen Feuer schmoren zu müssen, erhielt Puku eine hervorragende Ausbildung im Bükken, Verneigen und Kriechen. Jedesmal, wenn er auf eine Versammlung von Erwachsenen traf, beugte er seinen Körper und neigte seinen Kopf, während er äußerst vorsichtig dorthin ging, wohin man ihm zu gehen anwies. Beim zweimaligen täglichen Familiengebet kniete er nieder und beugte seinen Oberkörper so, daß sein Kopf auf dem Boden ruhte, ganz in der Art von Ungläubigen auf ihren Gebetsteppichen; und da Gebete in Tiko üblicherweise länger als irgendwo sonst dauern, verbeugte sich Puku gegenüber dem Allmächtigen jedesmal bis zu einer halben Stunde und noch viel länger, wenn er zur Kirche ging. Er verbrachte auch viel Zeit damit, sich hinter niedrige Büsche und andere Gegenstände zu verkriechen und sich so vor seiner liebevoll zornigen Familie zu verbergen.

Und Puku kroch viel herum. Wenn ein hoher Häuptling seines Bezirks das Haus seines Vaters besuchte oder wenn Puku zu dem hohen Häuptling geschickt wurde, pflegte er immer auf alle viere zu fallen und mit angemessener Ehrfurcht und Selbsterniedrigung auf ihn zuzukriechen. Wenn er bedeutende Leute aufsuchte, bewegte er sich in ihrer Gegenwart kriechend, wobei er oft einige gewichtige Geschenke hinter sich herzog, ein Verhalten, das von seiner Familie sehr unterstützt wurde, weil es die einzig wirksame Methode war, mit der es Leute seiner Art erreichen konnten, daß die Dinge den richtigen Lauf nahmen.

Auf diese Weise hatte sich Puku, als er schließlich zu einem Mann von einem Meter neunzig Größe herangewachsen war, derartig daran gewöhnt, sich zu bücken, zu beugen und zu kriechen, daß er weder gerade sitzen noch gerade stehen oder gehen konnte.

Dies waren nicht die einzigen Merkmale der trügerischen körperlichen Erscheinung von Puku, weit gefehlt. In der Grundschule war er ein Gegenstand der Freude und des Entzückens, weil er ein so bescheidenes und unbeholfenes Kind war. Viel kleinere Jungen als er, die wie große Hähne stolzierten, sprangen auf seinen Rücken oder stießen ihn in den Bauch, um zu sehen, wie er auf die Knie fiel. Und jeder machte sich über ihn lustig, auch seine Lehrer. Puku nahm das alles gelassen hin und betete dann immer zu Gott, ihm größere Leidensfähigkeit zu schenken und ihn zu befähigen, sein Kreuz mit christlicher Seelenstärke zu tragen.

Und da man ihm sagte, er sei nicht helle, glaubte Puku, daß er geistig zurückgeblieben sei, und schnitt bei Prüfungen viel schlechter ab, als seine angeborenen Fähigkeiten es gerechtfertigt hätten. Trotzdem qualifizierte er sich für das Potopoto College, wo er viel Zeit damit zubrachte, über niedrige Tische zu kriechen. Er begann, Interesse an seiner Schularbeit zu zeigen, und überraschte sich und alle anderen damit, daß er in seinen Prüfungen sehr gut abschnitt.

Doch gerade als sein Licht zu leuchten begann, brachen harte Zeiten über Tiko herein, denn die Koprapreise sanken rapide. Da sein Vater es sich nicht leisten konnte, alle Kinder auf der Schule zu lassen, verließ Puku, das jüngste, jedoch klügste, das Potopoto College, um in den folgenden Jahrzehnten hauptberuflich als Farmer auf dem Land seines Vaters zu arbeiten; diese Tätigkeit wurde zwar von den Politikern überall sehr gelobt, brachte ihm aber weder genügend Geld und Ansehen noch die Zuneigung der Frauen ein.

Sein Bruder und seine Schwester schlossen ihre Schulbildung ab, sicherten sich lukrative Anstellungen, heirateten Partner mit guten Beziehungen und erhielten Kredite von der Bank von Tiko, um sich Häuser aus Beton zu bauen. Puku andererseits baute sich am Rande von seines Vaters Grundstück ein traditionelles, mit Palmblättern gedecktes Haus, das traditionell klein, traditionell dunkel und traditionell feucht war, eine traditionell angemessene Bleibe für einen Mann seiner niedrigen Stellung. Drinnen hatte Puku traditionell die Gesellschaft von Ratten, Kakerlaken, jeder Art von Käfern und tausend anderen kleinen Geschöpfen aus dem Garten des Herrn.

Dann starb sein Vater. Und das Land, auf dem Puku lebte und arbeitete, fiel durch das Erbrecht des Erstgeborenen an seinen älteren Bruder, der in der Stadt lebte, der nie auf diesem Land gearbeit hatte und auch nicht die Absicht hatte, dies zu tun. Der Bruder verpachtete alles an einen reichen Farmer, ausgenommen das kleine Stück Land, auf dem Pukus Hütte stand. Und durch das gleiche Recht des Erstgeborenen erbte der ältere Bruder vom Vater auch sonst alles. Obwohl Puku ohne irgend etwas zurückblieb, akzeptierte er sein Los und auch den Gedanken, daß er eines Tages mit einem Gut im Himmel belohnt werden würde.

Als sein Bruder das Land verpachtete, war Puku gezwungen, sich um eine Stelle als Lohnarbeiter bei einer Regierungsbehörde zu bewerben. Er wurde zu einem Interview mit dem Abteilungsleiter aufgefordert. Es stellte sich heraus, daß er der einzige war, der für diesen Job interviewt wurde, aber das erfuhr er erst sehr viel später.

»Warum haben Sie sich um diese Stelle beworben?« fragte der Leiter der Abteilung.

»Ich brauche den Job sehr dringend, Sir.«

»Warum?«

»Ich habe keine Mittel für meinen Lebensunterhalt, Sir.«

»Haben Sie sich vorher schon einmal um eine Stelle beworben?«

»Nein, Sir.«

»Warum nicht?«

»Ich hatte es nicht nötig, Sir.«

»Was für Ausbildungsqualifikationen haben Sie?«

»Ich habe kein Zeugnis, Sir. Ich war gut im College, aber ich habe es nicht beendet.«

»Gut. Sie sind der einzige Bewerber, der keinerlei Zeugnis hat. Das ist von Vorteil für Sie. Sie kriegen den Job. Und Sie bekommen acht Dollar in der Woche. Was für eine Arbeit haben Sie vorher gemacht?«

»Ich habe fünfundzwanzig Jahre lang Gartenarbeit gemacht, Sir.«

»Warum haben Sie das aufgegeben?«

»Mein älterer Bruder hat das Land meines Vaters geerbt und verpachtet.«

»Sind Sie ein guter Gärtner?«

»Ja, Sir. Und ich bin es gern, Sir.«

»Sehr gut. Dann haben Sie etwas gelernt, auf das Sie zurückgreifen können, wenn irgend etwas passiert. Ausgezeichnet. Sie brauchen sich also nicht für eine höhere Dauerstellung abzurackern. Ihnen kann jederzeit gekündigt werden. Sie sind gut dran, daß Sie noch etwas anderes gelernt haben.«

»Aber ich habe kein Land, Sir.«

»Das macht nichts. Solange Sie etwas gelernt haben, das Ihnen Rückhalt gibt, wird Gott immer eine Arbeit für Sie finden. Wir machen uns keine Sorgen um diejenigen, deren sich der Allmächtige annimmt. Schließlich, Er ist in seiner treusorgenden Vaterrolle viel größer als wir alle zusammen. Haben Sie ein eigenes Haus?«

»So was ähnliches, Sir ...«

»Aber trotzdem ein Haus ...«

»Sir, es ist nicht wirklich ein richtiges ...«

»Solange wir ein eigenes Dach über dem Kopf haben, ist alles in Ordnung. Gott sei Dank sind wir nicht in Bangladesh. Immerhin, Sie sind glücklich dran, ein Haus zu haben, das Ihnen gehört. Besser als die meisten höheren Regierungsangestellten. Für uns arme Schweine muß der Staat sorgen.«

»Sie meinen mit diesen riesigen Häusern überall in der Stadt, Sir?«

»Ja, aber um auf Ihren Fall zurückzukommen: Da Sie ein eigenes Haus haben, brauchen Sie auch keine Altersversorgung. Der Staat kann es sich nicht leisten, jedem eine Pension zu geben; nur einigen wenigen wie denen, die kein eigenes Haus haben. Sie sehen stark und gesund aus.«

»Der Herr war mir gnädig, Sir.«

»Offensichtlich: Wir wollen hoffen, daß Er ihnen immer gnädig sein wird. Sie sind zu stark und zu gesund, um für Krankheits- oder Jahresurlaub in Frage zu kommen oder für sonstwas ähnlich Unsinniges. Urlaub ist nur was für Schwache und Kranke. Das ist jetzt alles, Puku. Ich gratuliere Ihnen zu Ihrer neuen Verantwortung; ich hoffe, Sie werden Ihr Bestes für Tiko geben. Melden Sie sich morgen zur Arbeit, pünktlich um acht Uhr dreißig.«

Obwohl ihn die Bedingungen seiner Anstellung beunruhigten, nahm Puku den Job an. Er hatte keine Wahl. Und wie so viele einfache Leute mit Problemen, die sie nicht selber lösen können, suchte er Manu auf, der ihm den Rat gab, den Job nicht anzunehmen. Aber da er darauf bestand, ihn zu behalten, riet ihm Manu, in dem Fall nicht über die Arbeitsbedingungen nachzudenken. Es würde ihm nichts nützen, besonders angesichts der Tatsache, daß es in Tiko nicht so etwas wie Gewerkschaften gab.

»Mein Freund«, schloß Manu, »in dieser alles anderen als gerechten Welt haben diejenigen, die unter Herzerkrankungen leiden oder unter Fettleibigkeit, Diabetes, Bluthochdruck, chronischem Durchfall, Gicht und anderen Beschwerden des Wohlstandes ein Anrecht auf einen hochbezahlten sicheren Posten mit Superrenten, Krankheits- und Jahresurlaub zusätzlich zu anderen Vergünstigungen, denn sie werden weder lange auf der Erde leben noch irgend etwas im Himmel erben. Letzten Endes, Puku, muß man mit den armen Schweinen Mitleid haben. Und das ist mein letzter Rat an dich: Hab Mitleid mit denen und nicht mit dir selbst. Auf diese Weise wirst du dich etwas besser fühlen in dieser schlechtesten aller möglichen Welten.«

Und so arbeitet Puku heute immer noch fleißig im Reinigungsdienst bei derselben Regierungsstelle. Er verbringt seine Freizeit damit, alle möglichen Routinearbeiten für seinen Bruder und für seine Schwester zu erledigen, die sich seiner Hilfe mit der Begründung bedienen, daß er, da er selber weder Frau noch Kinder hat, denen helfen müsse, die schwer mit Familienverantwortung beladen sind. Sein Pfarrer verlangt von ihm, großzügig für die Kirche zu spenden, und seine Nachbarn erwarten von ihm, daß er Zeit und Energie für gemeinschaftliche Unternehmungen opfert. Er gibt und gibt und erhält als Dank dafür Worte: der Anerkennung und der Liebe, des frommen Segens und der Ermutigung, ein Leben lang weiterzuleiden, so, wie es Christus vor langer Zeit getan hat, und, am allerwichtigsten, die Versicherungen ewiger Belohnung im Leben Danach.

Im Urteil seiner Leute ist Puku Leka ein guter Mensch und ein würdiges Beispiel dafür, wie ein Tikong zu sein habe. Er kennt seinen Platz in seiner Gemeinschaft und erweist den hier auf Erden Höherstehenden den gebührenden Respekt; er ist geduldig, leidensfähig und frei von persönlichem Ehrgeiz; er trägt die Lasten für seine Familie, seine Kirche, sein Dorf und sein Land, ohne zu klagen und ohne irdischen Lohn zu erwarten. Er und zahllose andere seiner Art sind unentbehrlich für die dauerhafte Stabilität des Königreichs von Tiko. Und obgleich er ein großer Mann ist, macht er kleine Schritte, denn sein Geist ist gedemütigt und sein Rücken dauernd gebeugt.

Übersetzt von Renate von Gizycki

Bopeeps Glocken

Seine Heiligkeit Bopeep Dr. Toki Tumu stammt von Chamber Island, die wie so viele Orte im Südpazifik ihren raffinierten Namen vom ehrwürdigen Captain James Cook erhielt, der die Orte, die er entdeckte, benennen durfte zu Ehren von Freunden oder Herrschern oder in Erinnerung an besonders markante Ereignisse. Chamber Island wurde so genannt, um die Nachwelt daran zu erinnern, daß einige der Bewohner den heißgeliebten und häufig benutzten »chamber pot«, den Nachttopf, des großen Seefahrers stahlen. Als Captain Cook nach einer vergeblichen Suche nach dem vermißten Gefäß Segel setzte, um nach Neuseeland zu fahren, konfiszierte der damalige Inselhäuptling das Diebesgut und erklärte es zu seiner persönlichen Kava-Trinkschüssel. Zehn Jahre später nahm der Häuptling Abschied von diesem schwächlichen Gesöff und widmete sich dem Seemannsrum direkt aus der Flasche. Also gab er den Topf seinen Konkubinen, damit sie darin für den ersten weißen Missionar auf der Insel Tee brauen konnten. Als dieser entdeckte, worin sein Getränk zubereitet worden war, verließ er, ganz unchristlich beleidigt, seinen Posten und erklärte, daß er die nächste Tasse Tee erst im Himmel trinken würde.

Toki Tumu ist ein Nachfahre von einem der Diebe von Captain Cooks Nachttopf. Er war an einem Sonntagmorgen auf die Welt gekommen, als die Kirchenglocken gerade den Frühgottesdienst einläuteten. Diese ohrenbetäubende frühkindliche Erfahrung prägte sich so unauslöschlich in sein Hirn ein, daß Toki von Glocken besessen aufwuchs.

Das erste Spielzeug, das er von seinen Eltern haben wollte, war eine Glocke, und die einzigen Spielzeuge, die er je haben wollte und mit denen er je spielte, blieben Glocken. Mit vierzig konnte er mit den Glocken vor seinem Haus zweihundertfünfzig verschiedene Rhythmen spielen.

Toki hatte Schweine, Ziegen, Hühner und Enten, die im Hof umherrannten. Um sie zu rufen, setzte er jeweils ein Glockengeläut in Gang, das nicht nur für jede Tiergattung verschieden war, sondern auch angepaßt an den Zweck, weswegen die Tiere gerufen wurden. Wenn die Schweine hörten, daß die Glocken sie zum Fressen riefen, hasteten sie von überall her nach Hause, um ihr tägliches Brot zu erhalten; und so taten es die Ziegen, die Hühner und die Enten. Toki war in der Glockendressur so geschickt, daß er ein Tier mit einem speziellen Läuten gar zur Schlachtbank rufen konnte.

An einem Sonntagmorgen schlug Toki, der immer noch unter den Folgen eines Bierfestes litt, das die ganze Nacht gedauert hatte, zum ersten Mal und ohne es zu beabsichtigen die Glocken im typischen Rhythmus der Kirchenglocken, die die Gläubigen in die Kirche rufen. So schön waren diese Glocken noch nie geschlagen worden. Und sie wirkten wie ein Magnet, denn zu seinem völligen Erstaunen war unversehens die gesamte Bevölkerung auf dem Weg zu Tokis Haus. Als sie näher kamen, sangen sie Hymnen, beichteten öffentlich ihre Sünden, priesen den Herrn und beteten mit selbstvergessener Hingabe.

Bald dämmerte es Toki, daß seine Mitbewohner wie seine kleinen Tiere durch die Kirchenglocken, die sie zu ihrer spirituellen Nahrung riefen, durch und durch dressiert waren. Als sich alle um sein Haus versammelt hatten, wußte Toki nicht, was tun, also fuhr er fort, die Glocken zu läuten, und die Leute fuhren fort, zu singen, zu beichten und zu beten. Drei Stunden später sackte Toki zu Boden, die Gemeindemitglieder hielten in dem inne, was sie gerade taten, und verschwanden leise, ganz ausgelaugt von ihrem spirituellen Erguß.

Dieser Vorfall regte Toki zu allerlei Gedanken an, die schließlich zu einer verhängnisvollen Idee führten. Er probierte sie aus, indem er denselben Rhythmus zu verschiedenen Tages- und Nachtzeiten schlug. Und seine Ahnung bestätigte sich: Regelmäßig und fromm tauchte die gesamte Inselbevölkerung auf. Weil er darin eine Vorsehung sah, begann Toki zur versammelten Menge zu predigen. Überrascht entdeckte er an sich bemerkenswerte rhetorische Fähigkeiten; die Versammlung beantwortete jedes seiner Worte, das er von sich gab, schreiend mit Amen, Halleluja und Hosianna. Als er sie schließlich einlud, ihre Sünden zu beichten, standen sie allesamt auf und enthüllten ihre innersten Gedanken und ihre geheimsten Taten. Und als er sie aufforderte, ihr Leben fortan dem Erlöser zu widmen, stellten sie sich, um den Segen zu empfangen, voller Enthusiasmus in eine Reihe. Aber als er sie aufrief, für das Werk des Herrn Geld zu spenden, schreckten sie zurück und gingen kopfschüttelnd nach Hause.

Toki war fest entschlossen, dieses Problem zu lösen. Sein Ziel war es, erster Mittelbeschaffer des Herrn und insofern auch seiner selbst zu werden, und das hing von seiner Fähigkeit ab, die Leute zu überzeugen, Geld lockerzumachen. Er betete, meditierte, hatte eine Eingebung, schrieb ein neue Melodie für das Glockenspiel nieder und übte sie in seinem Kopf, bis sie perfekt war. Als sich die Inselbevölkerung eines Sonntags wieder bei ihm einfand, schlug er einen solch wehmütigen Glockenton an, daß alle weinten. Und während er dies mit der einen Hand tat, warf er mit der anderen Münzen so rhythmisch in einen Eimer, daß ihr Klingklang die Glockenmusik noch süßer und trauriger machte. Die Gemeinde war so berührt, daß sie lauter und lauter klagte und zum Eimer schlurfte, um ihre Münzen hineinzuwerfen. Am Ende waren drei riesige Eimer randvoll.

Da wußte Toki, daß er groß im Geschäft war. Er schickte eine Gruppe von Mittelbeschaffern auf eine Reise durch ganz Tiko mit zwei Glocken und fünfzig riesigen Eimern, die innerhalb von zwei Wochen gefüllt waren, so wirkungsvoll waren die Klänge von Tokis Glocken und das süße Klingklang der Münzen. Als Folge davon ging der Bank von Tiko das Kleingeld aus, und sie bat Toki, ihr sein gesamtes Vermögen als Darlehen zu geben, zu einem Zins von zwanzig Prozent, rückzahlbar innerhalb eines Monats, was um einiges großzügiger war, als was die Bank von ihren eigenen Kunden verlangte. Toki und sein Chamber Island Concert Bells Ensemble unternahmen mit durchschlagendem Erfolg noch einige dieser Reisen durchs Königreich, nach denen er jeweils der münzenlosen Bank von Tiko ein Darlehen gewährte.

Als er eines Nachts am Meditieren war, hatte er eine überwältigende Vision. Es erschien ihm ein bärtiger, in weiße Gewänder gekleideter Mann, der unter einer gigantischen goldenen Glocke stand, am Strick zog und ein donnerndes Dröhnen produzierte. Da hielt er inne und verkündete, mit starrem Blick auf Toki: »Der Allmächtige Herrscher über Himmel und Erde hat mir aufgetragen, dir zu sagen, daß du eine neue Kirche gründen sollst. Amen.« Bevor Toki antworten konnte, war der himmlische Bote verschwunden und mit ihm die goldene Glocke.

Toki fühlte sich sehr geschmeichelt, daß gerade er für diese heilige Aufgabe erwählt worden war. Wichtiger noch, er sah darin einen himmlischen Auftrag, mehr Geld zu sammeln, ein Führer und berühmt zu werden. Er hatte immer gewußt, daß organisierte Religion das wirkungsvollste Instrument war, um zu Wohlstand, Macht und Ansehen zu kommen, wenigstens in Tiko.

Also machte sich Toki an die Gründung, und er orientierte sich an den bestehenden Kirchenstrukturen in Tiko und anderswo. Als erstes muß eine Kirche einen Namen haben. Toki betete, meditierte, hatte eine Eingebung und schlug seine Glocke. Als alle sich versammelt hatten, verkündete er: »Der Allmächtige Herrscher über Himmel und Erde hat mich beauftragt, eine neue Religion zu begründen. Ihr Name soll sein: Kirche der Goldenen Glocke. In alle Ewigkeit.« Er läutete die Glocken, ein schnelles Bimbambum, die Gemeinde sang ihr Amen und verschwand.

Dann mußte die neue Kirche einen Führer mit beeindruckenden Titeln haben. Toki fuhr zur See und fastete sieben Tage und sieben Nächte, danach fühlte er sich so allmächtig, daß er aus seinem Fischerboot stieg, um übers Wasser zu gehen, und beinahe ertrank. Er warf rasch einen Blick um sich und pries Gott, daß niemand gesehen hatte, wie er ins Salzwasser platschte.

Nach seiner Rückkehr läutete er die Glocke und bezeichnete sich vor der ganzen Versammlung als Führer mit den Titeln Bischof, Präsident, Prophet und Doktor. Der Titel »Bischof« stand für seine heilige Berufung und die Pracht seines Ornats, »Präsident« für seine Fähigkeiten beim Sammeln und Organisieren und »Prophet« für all das, was die kommenden Generationen mit seinem Namen verbinden würden. Den Titel »Doktor der Rechtschaffenheit« verlieh er sich für die vielen Male, da er die Bibel ganz gelesen hatte, für die Länge seiner Gebete und Sermone und für die große Anzahl von Festessen, die zu seinen Ehren gegeben wurden. Da es seltsam klang, ihn mit Seine

Heiligkeit Bischof, Präsident und Prophet Dr. Toki Tumu anzusprechen, verkündete er, daß er einfach Seine Heiligkeit Bopeep Dr. Tumu genannt werden wollte. Der Klang dieser Titel fesselte ihn, denn Bopeep tönte ähnlich wie »Beepee«, das berühmte südpazifische Wort für göttlichen Handel.

Weiter muß eine Kirche eine Satzung haben. Toki saß zehn Tage und zehn Nächte in einer Pfütze, und dank Gebet und Meditation gelangte er zum Schluß, daß alle existierenden Kirchensatzungen ungut waren. Er suchte außerhalb der Religion nach einem Modell und entdeckte, daß die beste Charta in der Geschichte die britische Verfassung war. Er verließ die Pfütze, kratzte den Schlamm ab, läutete die Glocke, ein langsames »Bimbambum«, und verkündete der Menge: »Der Allmächtige Schöpfer der Gesetze, die für Himmel und Erde gelten, hat mich beauftragt, euch und allen kundzutun, daß unsere Satzung ungeschrieben sein soll, in alle Ewigkeit. Da dem so ist, braucht unsere teure Satzung keine Erklärung, egal was auch immer geschehen mag. Jedes Kirchenmitglied, das den Inhalt der Satzung kennen möchte, muß einzig beten und nachdenken, und er wird ihm oder ihr in seiner ganzen Glorie offenbart. Denn unsere Satzung ist in die Seele der Gemeinde und das Haupt Seiner Heiligkeit, des Bopeep, eingeprägt. Und da die einzige Sorge der Seele den Himmlischen und Heiligen gilt, liegt es ganz bei Bopeep und niemandem sonst, unsere Satzung zu interpretieren, und auch dies nur, wenn es absolut notwendig ist. Amen.«

Dann kletterte Toki zur Spitze der höchsten Kokospalme, wo er zwölf Tage und zwölf Nächte fastete. Danach fühlte er sich so allmächtig, daß er beinahe zu einem Flug abgehoben hätte, um seine Macht zu demonstrieren. Aber ein weises Gefühl hielt ihn davon ab, und er kletterte langsam hinunter wie ein gewöhnlicher Sterblicher und ging nach Hause.

Dann läutete er die Glocke und verkündete Art und Umfang der Verfassungsrechte, welche der Behörde von Bopeep obliegen. »Unsere Satzung basiert auf der Doktrin der Unfehlbarkeit von Bopeep. Da dem so ist, kann Seine Heiligkeit nichts Falsches tun, nichts Böses denken und nicht lügen. Seine Heiligkeit ist deshalb nicht bestechlich. Also ausgestattet mit göttlicher Vollkommenheit, kann Bopeep tun, was er will, denn seine Entscheidungen und Handlungen sind in den Augen des Herrn makellos. Es bedeutet auch, daß dem Heiligen Bopeep als einzigem die finanziellen Angelegenheiten der Kirche der Goldenen Glocke obliegen. Mehr noch, da unsere Satzung ungeschrieben ist, sollen alle finanziellen Transaktionen der Kirche, wenn durch Ihre Heiligkeit nicht anders festgelegt, auf alle Ewigkeit ungeschrieben sein und im Einklang mit Bopeeps Willen abgewickelt werden. Es wird innerhalb der Kirche kein Finanzkomitee geben noch irgendein anderes Komitee, denn solche Gruppen suhlen sich oft in unchristlichem Gezänk und verlangen nach weltlicher Gerechtigkeit, die, wie ihr alle wißt, Menschenwerk ist und deshalb falsch und widerwärtig, da der Mensch erfüllt ist von niederen Gedanken und schlechten Taten. Es gibt eine ewige Gerechtigkeit und nur Seine Heiligkeit kann sagen, was das ist.« Dies verkündete Toki, zog die Glockenschnur und produzierte einen kurzen scharfen Knall, der mit einer solchen Entschiedenheit endete, daß alle eifrig zustimmten und nach Hause gingen, zutiefst beeindruckt von seiner Autorität und seinem Charisma.

Da er nun alle institutionellen Probleme der neuen Kirche gelöst hatte, schlief Toki vierzehn Tage und vierzehn Nächte ohne Gebet und Meditation. Als er schließlich aus dem Bett stieg, läutete er die Glocke und verkündete, daß es absolut unnötig sei, geistliche Angelegenheiten zu verkünden, da Gottes Wege unerforschlich seien und durch keine Satzung eingeschränkt werden können, sei sie geschrieben oder nicht. »Unsere einzige Sorge gilt dem Leben unserer Gemeinschaft. Sobald dieses in Ordnung ist und sobald es der Kirche und ihren Führern wohl ergeht, werden die geistlichen Angelegenheiten nach Weisung des Heiligen Geists erblühen, wenn es Sein Wille ist. Amen.«

Als nächstes schuf Toki einen Tag des Tributs an die Kirche: »In neun Monaten wird Cäsar all sein Eigentum Gott darbieten.« Und so schnitt und trocknete die ganze Bevölkerung von Chamber Island während neun Monaten Kopra, packte Bananen ein, verkaufte Vanille und machte an Feiertagen in Neuseeland und Australien Überstunden, um dort zu sammeln, was Cäsar gehörte, und es Gott zu schenken. Toki führte wiederum sein Chamber Island Concert Bells Ensemble durch Tiko und hatte am Ende hundert riesige Eimer voller Münzen. Insgesamt wurden 1,5 Millionen Dollar gesammelt, dargeboten, gesegnet und in einem großen Safe in Tokis Haus versorgt.

Als erstes wurde mit dem gesammelten Geld gebaut, nicht etwa eine Kirche, sondern eine zweistöckige Villa für den Bopeep; in Tiko hatten alle Kirchenführer zweistöckige Villen, um dem Himmel nah und den weltlichen Versuchungen, denen sie besonders ausgesetzt waren, fern zu sein. Toki hatte eine andere Erklärung. Er wollte, daß sein Haus das weltliche Symbol der goldenen Villen im Himmel sei, welche das armselige Strandgut des überfüllten Gestades erwartete.

Dann stattete Toki sein Haus mit allem modernen Komfort aus, den er bekommen konnte. Nicht alles mußte er bestellen, vieles kriegte er geschenkt. Am auffallendsten waren Geschenke vom Besitzer eines für Jugendliche verbotenen Spezialgeschäfts in Sydney, von der First Lady eines Verjüngungs- und Revitalisierungszentrums in Tokyo, das auch eine bestimmte Art von Filmen produzierte, und vom Paten eines Spieltempels in Taipeh.

Diese drei erlesenen Persönlichkeiten hatten das Königreich auf einer Studienreise zur Abklärung allfälliger Investitionen besucht, hatten danach Zweigstellen ihrer Konzerne in Tulisi errichtet und Muster ihrer besten Produkte einflußreichen Leuten geschenkt, natürlich auch den religiösen Führern, um das Wohlwollen oder die Unterstützung der Kirche für ihren Kreuzzug zu erhalten, durch den das fromme Tiko in das südpazifische Paradies von Spiel und Prostitution verwandelt werden sollte. Diese Bekehrung sollte Hand in Hand gehen mit der Aufwertung traditioneller kultureller Werte, dem Schutz der Umwelt und dem Aufschwung der Religion.

Und da sie an der Schlafkrankheit litten und deshalb vorn nicht von hinten unterscheiden konnten, stellten die blöden Kirchen von Tiko ihre Wecker ab und verschliefen die ganze Verschönerung ihres Landes. Für Toki waren die Geschenke aus Sydney, Tokyo und Taipeh allerdings ziemlich überflüssig, denn seine Virtuosität, seine Agilität, sein Erfindergeist und Durchhaltevermögen waren unübertroffen.

Als nächstes bestellte Toki in Detroit die größte und schnellste Limousine. »Dieses großartige Produkt der größten Nation, des Landes des Gebets und des Überflusses, ist das Symbol engelhafter Geschwindigkeit ... Geh von dieser verdammten Straße, du Idiot!« Toki brüllte, als er auf der staubigen Autobahn an einem Jogger vorbeiraste.

Schließlich ließ sich Toki von den unbedarften Führern des melanesischen Cargo-Kults inspirieren und umgab sich mit einem Harem von zehn ausnehmend reizenden Frauen. Er verkündete seine spirituelle Abscheu gegenüber der Unzucht, befand es aber für die Überwindung weltlicher Begierden als notwendig, daß er das Leiden und die Qualen der Sünde erfahre. »Dies ist der einzige Weg!« donnerte er genüßlich von der Kanzel, völlig transzendiert vom nächtlichen Höhenflug.

Und so macht Seine Heiligkeit Bopeep Dr. Toki Tumu von der Kirche der Goldenen Glocke Fortschritte beim Aufbau der blühenden Institution, die in ganz Tiko zu finden ist und sogar größer werden könnte als die alten Kirchen, denn sie hat, wie Manu sagt, die Glocken, die am besten die süßesten aller Klänge spielen: die Musik des Geld- und des Geschlechtsverkehrs.

Übersetzt von Ina Boesch

Der glorreiche pazifische Weg

»Ich habe gehört, daß Sie mündliche Überlieferungen sammeln. Sehr verdienstvoll. Es war an der Zeit, daß jemand begann, sie aufzuzeichnen und zu erhalten, bevor sie für immer verschwunden sind«, sagte der elegant gekleidete Mr. Harold Minte mit dem herablassenden, aber freundlichen Ton eines geborenen Diplomaten, der er eigentlich war.

»Danke, Sir«, antwortete Ole Pasifikiwei scheu. Normalerweise war er nicht schüchtern, nur in der Gegenwart von Ausländern, doch an diesem schwülen Abend war Ole an der Cocktailparty in den grünen Gärten des International Nightlight Hotel besonders zurückhaltend.

Angespornt von einer inneren Stimme, die er seinem Schöpfer zuschrieb, hatte Ole, Oberster Schädlings- und Unkrautbekämpfer, viel von seiner Freizeit dem Sammeln von mündlichen Überlieferungen gewidmet. Zuerst war es ein Hobby, aber mit der Zeit wurde es fast zur Obsession. Er hatte mit der Genealogie und mündlichen Geschichte seiner eigenen Familie begonnen, dehnte später seine Sammeltätigkeit auf andere Familien in seinem Dorf aus, danach in benachbarte Siedlungen, und innerhalb von sieben Jahren hatte er ein Fünftel seiner Insel abgedeckt. Er notierte von Hand in Übungsbüchern, die er in einer abgelegenen Ecke seines Hauses stapelte, und er hoffte, eines Tages eine Schreibmaschine zu besitzen, um seine Resultate abschreiben zu können, und einige Aktenschränke, um sie aufzubewahren. Aber er hatte kein Geld für solche Luxusartikel, so blieb er bei seinen Notizbüchern und behandelte sie so sorgfältig, wie er konnte.

Seine Beschäftigung mit den mündlichen Überlieferungen hatte die Aufmerksamkeit des Ministeriums für Umwelt, Religion, Kultur und Jugend, auch MERCY genannt, auf sich gezogen, und ein hoher Beamter und persönlicher Bekannter lud ihn ein, die Botschafter zu treffen, die Tiko besuchten, um Projekte und die Mittelbeschaffung abzuklären. »Vielleicht könnten Sie etwas finanzielle Unterstützung brauchen«, schlug Mr. Minte vor.

»Das wäre mir eine große Hilfe, Sir.«

»Wir haben Geld auf die Seite gelegt zur Förderung von Projekten, die die Kultur im Pazifik bewahren wollen. Unser Ziel ist es, den »Pazifischen Weg« zu erhalten. Wir möchten Ihnen helfen.«

»Sehr großzügig von Ihnen, Sir. Wann kann ich etwas Geld haben?«

»Zuerst müssen Sie mir einen Brief schreiben, in dem Sie um Unterstützung bitten.«

»Muß ich das tun? Können Sie mir nicht einfach etwas schicken?«

»Anscheinend haben Sie noch nie zuvor mit uns zu tun gehabt.«

»Nein, Sir.«

»Die Dinge liegen nie ganz so einfach, wissen Sie. Wir haben zwar Geld zum Verteilen, aber wir können es nicht einfach so weggeben. Wir wollen, daß Sie uns zuerst darum bitten. Sagen Sie, was Sie wollen; wir möchten Ihnen nicht sagen, was Sie zu tun haben. Meine Aufgabe ist es, herumzugehen und die Leute zu informieren, daß wir mit ihnen zusammenarbeiten wollen zu ihrem eigenen Wohl, und dann ist es an den Leuten, uns um Hilfe zu bitten. Können Sie mir folgen?«

»Ja, Sir. Aber angenommen, niemand bittet um Ihre Hilfe?«

»Das ist kein Problem. Wenn die Leute erst einmal wissen, daß sie von uns gratis Dinge bekommen können, werden sie anfragen. Und außerdem können wir immer jemanden schicken, der ihnen dabei hilft, Gesuche zu stellen. Übrigens, wer ist dieser lustige Kerl dort drüben?«

»Das ist Seine Exzellenz, der König des Reiches.«

»Mein Gott. Ich muß ihm etwas sehr Wichtiges sagen. Ich muß ihn sehen, bevor er geht. Kommen Sie mich morgen um zehn im MERCY-Gebäude besuchen. Denken Sie darüber nach, was ich gesagt habe, und wir werden uns dann darüber unterhalten. Es hat mich gefreut, Sie kennengelernt zu haben. Gute Nacht.«

Kurz danach ging Ole nach Hause, er fühlte sich verwirrt und erniedrigt. Er hatte nie zuvor einen ihm vollkommen Unbekannten um irgendwas gebeten. Wenn Mr. Minte wirklich Geld zu verteilen hatte, warum tat er es dann nicht einfach? Warum sollte er, Ole, genötigt sein, ihn darum zu bitten? Er erinnerte sich an einen Vorfall in seiner Kindheit, als ihm ein größerer Junge eine Mango angeboten und dann befohlen hatte, auf die Knie zu gehen und ihn darum zu bitten. Haßgefühle gegenüber Mr. Minte stiegen in ihm auf, die sich mit Selbsthaß paarten, weil er so blöd war und einen Fremden nicht um irgend etwas bitten wollte, während alle anderen dies ohne irgendwelche Gewissensbisse getan hätten. Er brauchte eine Schreibmaschine und einige Aktenschränke, nicht für sich selbst, sondern für das wichtige Werk, das er begonnen hatte. Aber der Stolz stand ihm im Weg. Die Bibel sagt, daß der Stolz der Fluch des Menschen sei. Die Bibel sagt aber auch »Bitte, und es wird dir gewährt werden«.

Man sollte lernen, um Dinge zu bitten und sie mit Würde zu akzeptieren. Aber er konnte diese Nacht nicht gut schlafen; sein Herz war zerrissen – es ist nicht einfach, einen Fremden um etwas zu bitten, wenn man es nicht gewohnt ist. Aber er mußte es trotzdem tun. Es gab keinen anderen Weg, die benötigten Gegenstände sonst irgendwie zu bekommen. Während er in den Schlaf glitt, kam es ihm dennoch wie eine Sünde vor: Hat man erst einmal damit begonnen, wird es immer einfacher.

Ole betrat am folgenden Morgen um zehn Uhr das MERCY-Büro, wo Mr. Minte wartete.

»Guten Morgen, Ole. Haben Sie sich Gedanken gemacht, ob Sie Hilfe von uns wollen?«

»Ja, Sir. Ich würde gern eine Schreibmaschine haben und einige Aktenschränke. Ich werde Ihnen einen Brief schreiben. Danke.«

»Nun, Ole, ich bedauere, das ist nicht möglich. Wie ich letzte Nacht sagte, die Dinge liegen nicht so einfach. Wir wollen den Leuten nicht sagen, was sie mit dem Geld, das wir ihnen geben, tun sollen, aber es gibt Sachen, die wir nicht finanzieren können. Nehmen Sie zum Beispiel Ihre spezifische Anfrage. Unser Minister muß unserem Parlament Bericht erstatten, was die Leute mit dem Geld machen, das wir ihnen geben. Wenn die Politiker erfahren, daß wir eine Schreibmaschine für die Erhaltung kultureller Werte finanziert haben, werden sie meinem Minister unbequeme Fragen stellen. Was hat eine Schreibmaschine aus der Zivilisation mit der Kultur der Einheimischen zu tun? Die Opposition wird an diesem Tag ihren großen Tag feiern. Das wäre sehr unangenehm. Das reicht nicht ...«

»Aber in meinem Fall hängt alles damit zusammen ...«

»Sie müssen um etwas Relevanteres bitten, tut mir leid. Relevanz ist der Schlüssel zur Welt«, sagte Mr. Minte und hielt inne, um seine tiefgründige Bemerkung zu genießen, bevor er eine erstaunliche Großzügigkeit an den Tag legte.

»Schauen Sie, wir können Ihnen während der nächsten fünf Jahre zweitausend Dollar jährlich geben, um ein monatliches Rundschreiben über Ihre Aktivitäten zu publizieren. Senden Sie uns eine Kopie von jeder Ausgabe, einverstanden?«

»Aber ich brauche trotzdem eine Schreibmaschine, um überhaupt ein Rundschreiben produzieren zu können.«

»Versuchen Sie, eine MERCY-Schreibmaschine zu benutzen. Sie müssen dazu ein Komitee bilden.«

»Ein Komitee? Wozu? Ich habe sieben Jahre lang allein gearbeitet, und kein Komitee hat sich für mich interessiert.«

»Oh, das wird sich ändern, wenn erst Geld im Spiel ist. Wir unterstützen nämlich nicht Individuen, sondern nur Organisationen. Bilden Sie eine Gruppe, nennen Sie sie das Komitee für Mündliche Traditionen oder so irgendwas in der Art, und dieses bittet dann um unsere Unterstützung. Können Sie mir folgen?« Mr. Minte schaute auf seine Uhr und hob eine Augenbraue. »Es tut mir leid, ich muß nun gehen, um mich mit der Staatlichen Frauenorganisation zu treffen. Wußten Sie nicht, daß Ihre Frauen entgegenkommender sind und effizienter arbeiten als Ihre Männer? Wenn wir ihnen sagen – entschuldigen Sie – vorschlagen, daß sie ein Komitee gründen sollen, machen sie es sofort. Der Kontakt mit ihnen ist ein großes Vergnügen. Ihre Organisationen erhalten Tonnen von Geld von uns und anderen Helfern. Denken Sie darüber nach und kommen Sie morgen nochmals zur selben Zeit. Bis dann.« Mr. Minte verließ den Raum und verschwand in einer schwarzen offiziellen Limousine.

Ole blieb im Büro zurück, ohne sich zu rühren, wie er es immer tat, wenn er böse war, und er atmete tief durch, bis er sein seelisches Gleichgewicht wiedererlangt hatte. Dann stand er auf und ging langsam zum Büro seines Vertrauten, dem hohen MERCY-Funktionär, der ruhig dasaß und zuhörte, bis Ole ihm sein Herz ausgeschüttet hatte.

»Das Problem ist, daß du zu moralisch veranlagt bist«, sagte Emi Bagarap nachdenklich. »Du bist zu stolz, Ole.«

»Es ist nicht länger eine Frage des Stolzes, das habe ich inzwischen eingesehen; es ist eine Frage der Selbstachtung.«

»Selbstachtung ist ein Luxus, den wir uns nicht leisten können; wir haben keine andere Wahl, als sie für einige Zeit auf die Seite zu legen. Wenn wir uns entwikkelt haben, werden wir etwas für die Würde und die Selbstachtung tun ...«

»Was, wenn wir uns nie entwickeln?«

»Wir werden uns entwickeln! Darüber bestehen nicht die geringsten Zweifel. Du mußt die Kraft des positiven Denkens kultivieren«, sagte Emi Bagarap und sah dabei weise und optimistisch drein.

»Du mußt daran denken, Ole, daß wir internationale Spiele spielen, in denen die anderen Geld haben und wir nicht. So einfach ist das. Sie bestimmen die Regeln, wir spielen mit und versuchen, sie uns geneigt zu machen. Wie auch immer, die auf der anderen Seite befolgen ihre Regeln auch nicht so genau. Nimm beispielsweise Mr. Minte. Er bietet dir fünf Jahre lang jährlich zweitausend Dollar, und er will lediglich, daß du ein Komitee gründest und daß dann dieses Komitee ein Gesuch schreibt und regelmäßig ein Rundschreiben produziert. Aber er sagte nichts darüber, wie die Organisation gebildet werden oder geführt sein soll. Kapiert? Du kannst mit drei oder vier Freunden ein Komitee bilden, mit dir als Vorsitzendem und Kassierer und jemand anderem als Sekretär. Nimm nur die, die kein sonderliches Interesse haben und auch nicht zuviel Wissen besitzen. Das wird dir die Freiheit geben zu tun, was getan werden muß.

Nochmals, das Hilfsgesuch muß vom Komitee formuliert worden sein und nicht von dir persönlich. Deine Selbstachtung wird nicht kompromittiert werden, aber glaube ja nicht, daß es darauf ankommt.

Weiter sagte Mr. Minte nichts über den Umfang deines Rundschreibens, oder doch? Nun, du kannst eine oder zwei Seiten schreiben, wofür du dir jeden Monat ungefähr eine halbe Stunde Zeit nimmst. Und du mußt auch nicht auf englisch schreiben. Und wenn du willst, kannst du pro Ausgabe zwei Kopien produzieren, eine für dein Archiv und eine für Mr. Minte. Ich sage nicht, daß du es so tun sollst; das wäre unredlich, du verstehst schon. Ich zeige dir nur einen der vielen möglichen Schachzüge.

Das wichtigste aber ist, daß Mr. Minte nicht sagte, was du mit dem Rest des Geldes anstellen sollst. Also, du zahlst, sagen wir, zwei Dollar im Jahr für dein Rundschreiben, und mit dem Restbetrag kannst du dir fünf Jahre lang jedes Jahr eine Schreibmaschine und vier Aktenschränke kaufen.

Du siehst, Mr. Minte ist ein sehr guter und sehr großzügiger Mensch; er spielt schon lange internationale Spiele und weiß, wo es langgeht. Er möchte, daß du deine Schreibmaschine hast und auch all die anderen Dinge, aber er würde es dir nicht sagen. Such ihn morgen auf, und erzähl ihm, daß du tun wirst, was er dir aufgetragen hat.

Nur eines solltest du noch wissen: Wenn du mit Ausländern verhandelst, darfst du dich nie zu gewitzt geben; es ist besser, daß du einen bescheidenen und einfältigen Eindruck hinterläßt, vor allem während du dich einarbeitest. Und versuche abzunehmen. Es ist wichtig, daß wir ausgehungert und bedürftig aussehen. Der Grund, weshalb Tiko so wenig Hilfsgelder kriegt, ist der, weil unsere Leute zu fett sind und zu lebensfroh. Ich wünschte, die Regierung würde aufwachen und etwas dagegen unternehmen.«

Und so fuhr Emi Bagarap, der seine Selbstachtung für einige Jahre auf die Seite gelegt hatte, fort, seinem Freund, dem Neuling, seine immense Weltgewandtheit weiterzugeben.

Als Ole das Büro verließ, war er erleichtert und beinahe glücklich. Er hatte begonnen, die Komplexität des Lebens zu verstehen. Gib mir Zeit, o Herr, betete er, während er auf die Bushaltestelle zusteuerte, dann werde ich bald zu den ersten gehören.

»Ich möchte mit dir sprechen, alter Freund«, hielt ihn Manus Stimme zurück.

»Oh, hallo Manu. Lange nicht gesehen. Wo bist du gewesen?«

»Ich habe dich in der letzten Zeit beobachtet, alter Freund. Du hast diesen Ausdruck auf deinem Gesicht«, erwiderte Manu nur.

»Welchen Ausdruck?« fragte Ole verwirrt.

»Wie jemand, der von Typen wie Emi Bagarap überzeugt worden ist. Ich mache mir Sorgen um dich. Ich weiß, daß du und Emi euch immer nahegestanden seid, aber erlaube mir, dir etwas zu sagen, bevor es zu spät ist. Laß dich weder von ihm noch von seinesgleichen zu etwas überreden, was du ...«

»Niemand überredet mich zu irgendwas, das würde ich nie zulassen«, unterbrach ihn Ole, offensichtlich irritiert.

»Du bist schon auf der anderen Seite, alter Freund, es steht dir auf dem Gesicht geschrieben. Nimm dich in acht vor Emi, er hat seine Seele verkauft und wird dich dazu bringen, deine auch zu verkaufen, wenn du nicht aufpaßt.«

»Das ist einfach lächerlich. Niemand hat seine Seele verkauft. Wir schieben nur einige Dinge für einige Zeit auf, bis wir das kriegen, was für das Land gut ist.«

»Nein, nein, alter Freund. Du täuschst dich selbst. Du

schiebst nicht etwas auf, du bist entschlossen, nichts weniger als deine Seele zu verkaufen. Tu es, und du wirst sie nie zurückkriegen, weil du sie gar nicht mehr willst.«

»Du vergeudest deine und meine Zeit, Manu. Du denkst noch in der Vergangenheit, es ist aber an der Zeit, sich der Zukunft zu stellen«, bellte Ole und entfernte sich mit schnellen Schritten.

Am nächsten Tag, als er Mr. Minte traf, lachte er übers ganze Gesicht. Der aalglatte Diplomat hob eine Augenbraue und lächelte zurück – ihm war diese Art von Verwandlung bekannt; so geschah es immer, es war Teil seines Jobs, sie hervorzurufen.

»Nun, Ole, wann wirst du ein Komitee bilden?«

»Heute abend, Sir.«

»Gratuliere, Herr Vorsitzender. Laß deine Sekretärin einen Brief an mich schreiben, und du erhältst deine ersten zweitausend Dollar innerhalb eines Monats.«

»Vielen, vielen Dank, Mr. Minte, ich bin Ihnen sehr dankbar.«

»Bitte. Es war mir eine Freude, mit dir zu verhandeln, Ole. Vor dir liegt eine große Zukunft. Wenn du irgendwas brauchst, irgendwas, zögere nicht, mich zu kontaktieren. Weißt du, wenn wir hier mehr Leute wie dich hätten, würde der Pazifik sich so schnell entwickeln, daß man gar nicht mehr mitkäme.«

Sie schüttelten sich die Hände, und als Ole die Tür öffnete, rief Mr. Minte: »Übrigens, INESCA wird demnächst in Manila einen Workshop durchführen über die richtige Methode, mündliche Überlieferungen aufzuzeichnen. Es würde dir guttun, daran teilzunehmen. Ich werde dir in den nächsten Wochen Bescheid geben.«

»Nochmals vielen Dank, Mr. Minte.«

»Keine Ursache. Immer zu Diensten. Bis zum nächsten

Mal. Ich hoffe, du wirst bald eine Schreibmaschine und die Aktenschränke bekommen.«

Auf dem Heimweg pfiff Ole, er war in Hochstimmung. Am selben Abend bildete er das Komitee für das Aufzeichnen von Mündlichen Traditionen. Er war Vorsitzender und Kassierer, sein jüngster Bruder Sekretär, zwei Freunde Komiteemitglieder und der Distriktbeamte Schirmherr. Das Komitee machte sich sofort daran, einen Brief an Mr. Minte zu entwerfen, der ihm am nächsten Morgen persönlich zugestellt wurde. Innerhalb eines Monats erhielt Ole einen Scheck von zweitausend Dollar und eine Einladung, einen sechswöchigen Kurs in Manila zu besuchen. Er leistete der Einladung Folge und ließ sein Haus in der Obhut einer älteren Tante zurück, die keine Ahnung von dem hatte, was er tat.

Er fand den Kurs ziemlich verwirrend, aber das wilde Nachtleben von Manila wog den fragwürdigen Nutzen mehr als auf. Er vergnügte sich so sehr, daß er in der dritten Woche eine Penizillinspritze kriegte und einen freundlichen Ratschlag von einem mitfühlenden Arzt.

Auf seiner Rückreise kaufte er in Sydney zollfrei eine Schreibmaschine und bestellte auch vier Aktenschränke, die man ihm nach Hause schicken sollte. Er war sehr zufrieden mit dem raschen Fortschritt: Er hatte bekommen, wovon er noch vor kurzem kaum zu träumen wagte. Eines Tages, sagte er sich, als das Flugzeug sich dem Tikomalu International Airport näherte, würde er die Leitung des Amtes für die Erhaltung der Traditionellen Kultur und des Authentischen Eingeborenenbewußtseins übernehmen. Sowohl Sailosi Atiu als auch Eric Hobsworth-Smith wurden nämlich langsam alt.

Als er schließlich zu Hause ankam, begrüßte ihn seine betagte Tante mit Tränen in den Augen. »Ole, Ole, du bist ganz zurück. Gott sei Dank, haben dich diese Heiden nicht aufgegessen. Du siehst so dünn aus, was haben sie mit dir gemacht?«

»Mach dir keine Sorgen, Tante«, lachte Ole. »Diese Leute sind keine Heiden, sondern vor allem Katholiken, und die essen keine Menschen. Sie erschießen sich nur gegenseitig.«

»Du siehst so krank aus. Haben sie versucht, auch dich zu erschießen?«

»Ich bin ganz gesund ... außer daß ich eines Nachts meine große Zehe an irgendwas angestoßen habe«, und er lachte in sich hinein.

»Du solltest immer Schuhe tragen, wenn du nach Übersee gehst, habe ich es dir nicht gesagt, Ole. Was ist los? Warum kicherst du?«

»Das Haus sieht so ordentlich aus«, wechselte Ole geschickt das Thema. »Vielen Dank, daß du dich darum gekümmert hast; ich weiß, daß ich mich immer auf dich verlassen kann.«

»Oh, Ole, ich habe alles von oben bis unten aufgeräumt und geschrubbt, es war so unordentlich. Du brauchst eine Frau, die aufräumt. Warum heiratest du nicht? Ja, Ole, du warst schon immer unordentlich, hast überall Dinge herumliegen lassen. Du hast dich nicht verändert, überhaupt nicht.« Sie hielt inne, um ihr Gesicht abzutrocknen. »Ich habe so viel Ramsch wegwerfen müssen«, sagte sie in einem Ton, der Ole alarmierte.

»Was hast du? Und was hast du mit meinen Büchern gemacht?«

»Bücher? Was für Bücher?«

»Diese Notizbücher, die ich dort hinten in der Ecke gestapelt habe.«

»Du meinst diese verbrauchten schmutzigen Dinger? O

Ole, du hättest deine alten Schulbücher nicht aufbewahren sollen. Sie zogen so viel Staub und so viele Kakerlaken an.«

»Sie sind das Wichtigste in meinem Leben. Ich kann nicht ohne sie leben«, erklärte er und ging seine Bücher suchen.

»Sie sind nicht hier. Was hast du mit ihnen gemacht?« fragte er ziemlich ängstlich.

»Setz dich, Ole, und laß uns wie gute Christen miteinander reden.«

»Nein! Wo sind sie?«

»Ole, du warst immer ein guter Junge. Setz dich, und iß was. Du mußt am Verhungern sein. Was haben sie mit dir gemacht?«

»Ist doch egal, ich will meine Bücher!«

»Setz dich, und schrei mich nicht an. So also benimmt sich ein guter Junge. Wir sind arm, du, ich, die Nachbarn. Und Essen ist so teuer.«

»Wo sind meine Bücher?«

»Toilettenpapier ist für uns unerschwinglich. Es kostete mal zehn Cents die Rolle.«

»Ja, aber was hat das mit meinen Büchern zu tun?«

»Du hast mir kein Geld dagelassen, als du fortgegangen bist, Ole. Ich mußte essen und saubermachen, und alles ist so teuer.«

»Es tut mir leid, aber wo sind meine Bücher?«

»Stelle mir nicht ständig diese Frage, Ole. Ich versuche es dir ja gerade zu erklären. Ich bin deine einzige noch lebende Tante. Und ich bin sehr alt und bereit, in den Himmel einzugehen. Dräng mich nicht, bitte. Findest du nicht, daß ich wichtiger bin als irgendein altes Buch?«

»Was hast du mit ihnen gemacht? Wo sind sie?«

»Ole, ich hatte kein Geld fürs Essen, ich hatte kein Geld für Toilettenpapier. Ich mußte essen und saubermachen.

Hör auf, mich so anzusehen. Du machst mir angst.« Sie schniefte, schneuzte sich ihre Nase und fuhr in einem gedämpften Ton fort. »Ich habe einige selbst gebraucht, und den Rest habe ich billig an die Nachbarn verkauft. Sie sind zwar alt, Ole, aber auch sie müssen auf die Hygiene achten.«

Ole starrte seine Tante ungläubig an. »Nein, nein. Du hältst mich zum Narren: Du hast nicht wirklich meine Bücher als Toilettenpapier verkauft ...«

»Doch. Ja, ich habe es getan. Es tut mir leid, aber wie hätte ich wissen können, daß sie so wichtig sind?«

»Oh, mein Gott!« Ole schnappte nach Luft. Er saß da, ohne sich zu rühren, atmete tief durch und versuchte verzweifelt, seine Arme daran zu hindern, wild um sich zu schlagen. Dann murmelte er langsam, ganz langsam: »Sieben Jahre harte Arbeit die verdammte Kanalisation runter, Scheiße!« Kaum hatte er die Worte hervorgestoßen, wurde ihm bewußt, was er da gerade gesagt hatte, und er brach in ein solch hysterisches Lachen aus, daß ihm die Tränen über die Wangen rannen. In diesem Moment kam ihm jedoch die brillante Idee. Er streckte seine Arme aus und umarmte seine Tante, entschuldigte sich für seine Heftigkeit und versprach, es nie mehr zu tun. Die alte Dame war so überrascht von dieser Verwandlung, daß ihr Freudentränen in die Augen traten.

Er erinnerte sich, daß ihm Mr. Mintes Regierung mit zehntausend Dollar während eines Zeitraums von fünf Jahren verpflichtet war. Das sollte das Startkapital sein; er, Ole Pasifikiwei, dessen Bücher die Kanalisation runtergingen, würde fortan nur noch Großes im Sinn haben. Wenn er schon um etwas bitten mußte, konnte er es auch im großen Stil tun. Deshalb sandte er Mr. Minte einen Eilbrief und wurde kurz darauf mit der Ankunft von Dr. Andrew

Wheeler belohnt, einem scharfsinnigen Experten, nach dessen Ratschlag Ole den Nationalen Rat für Soziale, Wirtschaftliche und Kulturelle Forschung gründete, und Häuptlinge, Staatsminister, oberste Kirchenleute, Frauen von VIPs und seinen alten Freund Emi Bagarap in einträgliche Ehrenämter und sich selbst als festangestellten Sekretär einsetzte. Dann dachte sich Dr. Wheeler ein umfassendes Forschungsprogramm für vier Jahre aus und schickte in der Fachsprache formulierte Briefe an die INESCA, die Forge Foundation, die Freunde der Südseeeingeborenen, die Kommission zur Erhaltung der Dritten Welt und das Konshu Fisch- und Waldinstitut, mit der Bitte um einen Kredit von vierhunderttausend Dollar.

Kurze Zeit später, und wiederum mit dem fachmännischen Rat und dem stillschweigenden Einverständnis seines unverzichtbaren Dr. Wheelers, expandierte Ole, indem er achtzehn weitere staatliche Komitees und Räte schuf mit spezifischen unterstützungswürdigen Zielen, und er entwarf unwiderstehlich attraktive Projekte und Programme, die von internationalen Organisationen finanziert werden sollten. Und er überbot alle, indem er erreichte, daß seine Vereinigungen durch die Große Internationale Organisation in die Liste mit den Zweihundert-am-wenigsten-entwickelten-Komitees – solche, die rasche und großzügige Hilfe brauchten – aufgenommen wurden.

Innerhalb von sechs Jahren hatte Ole insgesamt 14 Millionen Dollar für seine Organisationen beantragt, und sein Name war mittlerweile bekannt geworden, in gewissen einflußreichen Kreisen ein Begriff: in Brüssel, Den Haag, Bonn, Genf, Paris, London, New York, Washington, Wellington, Canberra, Tokyo, Peking und Moskau wie auch in solch regionalen Wäschezentren wie Bangkok, Kuala Lumpur, Manila, Suva und Noumea.

Und die Universität des Südlichen Paradieses, deren weise und schlaue Führer in Ole ein großes, ihnen verwandtes Talent sahen, verlieh ihm Ehrendoktorwürden in Ökonomie, Theologie und Philosophie, obwohl diese gelehrte Institution über keinerlei Philosophie verfügte.

Ole Pasifikiwei gab sich ganz der großen Aufgabe der Entwicklung mit ausländischer Hilfe hin und erfüllte sie mit Ruhm und Ehre. Er genoß die Drehungen und Windungen der internationalen Unterstützungsspiele. Seither hat er seinen ursprünglichen Sinn für Selbstachtung zur Seite gelegt und sich einen neuen zugelegt, der besser zu seiner jetzigen permanenten Rolle als erstklassiger und sachverständiger Bettler paßt.

Übersetzt von Ina Boesch

Das pazifische Lachen

Er hat ein außergewöhnliches Lachen: ein leises, etwas asthmatisches Gackern, eine sanfte Melodie, die man nicht so schnell vergißt. Es kämpft mit den Wörtern, die gleichzeitig ihren Weg aus dem Mund suchen, in dem fast immer eine Pfeife steckt. Sein Lachen schlägt den Grundrhythmus, auf dem seine Äußerungen tanzen.

Epeli Hau'ofa versteht sich aufs Lachen, obwohl er einmal etwas kokett gesagt hat: »Ich habe meinen Sinn für Humor beinahe verloren, als ich versuchte, zivilisiert zu sein; aber glücklicherweise bin ich es nie ganz geworden.« Epeli Hau'ofa ist alles andere als ungebildet oder, in seinen schalkhaften Worten, unzivilisiert. Schon früh wurde er mit geistiger Nahrung gefüttert – seine tonganischen Eltern waren Missionare in Papua-Neuguinea –, später verdiente er sich seine Sporen in der großen weiten Welt – er studierte Geschichte und Ethnologie in Kanada und Australien –, schließlich erhielt er seinen letzten Schliff an einem Königshof – er war eine Zeitlang Privatsekretär des Königs von Tonga. Heute lehrt er in Fiji als Professor an der regionalen University of the South Pacific und steht der Fakultät für Sozialwissenschaften vor. Epeli Hau'ofa gesteht, in letzter Zeit nicht mehr so häufig gelacht zu haben, denn: »Je weniger man mit sich herumträgt, desto eher ist man bereit, über die absurden Seiten des Lebens zu lachen. Hat man den Kopf jedoch zu voll, leidet die Beobachtungsgabe, und man wird ernst und düster.«

Jede Gesellschaft hat ihr eigenes Lachen, bestimmt von Kultur, Geschlecht und Schicht. Stark vereinfachend gesagt, darf es in einigen Regionen wie ein Vulkan aus den Tiefen ausbrechen, in anderen Weltgegenden hingegen muß es hinter der vorgehaltenen Hand versteckt werden, während es in Oberschichten in den Lüften schwebt. Bei den Menschen im Südpazifik verteilt es sich übers ganze Gesicht. Dort ist es ein breites Lachen, groß und friedlich wie der Ozean, der die Tausenden von Inseln, die wir gemeinhin Südsee nennen, umspült. Ein pazifisches Lachen. Ruhig und heiter.

Gelacht wird im Südpazifik über dieselben Dinge wie anderswo auch, mit Vorliebe aber über Probleme. »Besonders wenn sie unlösbar scheinen«, ergänzt Epeli Hau'ofa und erzählt die Geschichte einer tonganischen Familie, die während eines heftigen Hurrikans im Küchenhaus Zuflucht gesucht hat. Doch der Wirbelsturm zog und zerrte so heftig am Dach, daß sich die ganze Familie ans Blechdach hängte und stundenlang, lachend und Witze reißend, sich gegen die Naturgewalt aufbäumte.

Das Lachen hat eine Funktion, wie der französische Philosoph Henri Bergson nach langjährigen Studien herausgefunden hat: Es verstößt gegen die Ordnung. Auf diese aber sind die Häuptlinge in den streng hierarchisch organisierten Gesellschaften des Südpazifik besonders bedacht. Dort haben nach wie vor die Alten und die Männer und die Häuptlinge das Sagen. Wer weder alt noch männlich noch mächtig ist, dem bleibt, wenn er an der bestehenden Ordnung kratzen will – als einzige Waffe oft nur das Lachen.

Ein Paradebeispiel für die autoritären Gesellschaftsstrukturen im Südpazifik ist das Königreich Tonga, das sich einer neunhundertjährigen Königsdynastie rühmt und der Tatsache, nie kolonisiert worden zu sein. Im Gegensatz zu den Fremdmächten waren allerdings die Missionare erfolgreicher: Tonga nimmt es heute mit der Gottesverehrung so ernst, daß beispielsweise sonntags alle Restaurants geschlossen sind, keine Taxis fahren und der Flugverkehr eingestellt ist. Das erinnert einen sehr an das imaginäre und doch so konkrete Tiko.

Mit einem pazifischen Lachen beschreibt Epeli Hau'ofa in *Rückkehr durch die Hintertür* die komischen Seiten des Alltags in Tiko – oder Tonga. Ruhig und heiter. Es ist keine Häme im Spiel, wenn er die Fundamentalisten fiktiver Kirchen wie die Sabbatisten oder Mormonilen kritisiert; keine Bösartigkeit, wenn er die Papalagis, die weißen Missionare, Entwicklungshelfer und Berater aus Neuseeland und Australien aufs Korn nimmt; nichts Ätzendes, wenn er Korruption und Vetternwirtschaft beim Namen nennt. Doch verharmlosend sind die Satiren deswegen nicht. Wie genau der Autor die Schwachstellen seiner Tikongs getroffen hat, zeigten die Reaktionen der Betroffenen, der Inselbewohner im Südpazifik, beim Erscheinen des Büchleins 1983: »Man darf zwar über sich selbst lachen, aber seine Schwächen nie einem Fremden zeigen.«

Die Satirensammlung, mittlerweile in hohen Auflagen und in verschiedenen Verlagen publiziert, gehört heute in vielen Schulen Tongas, Samoas und Fiji zur Pflichtlektüre. Und zwar nicht nur wegen des Inhalts, sondern auch wegen der Sprache. Vier Jahre lang hat Hau'ofa an den Texten gearbeitet und gefeilt, er hat seinen ganzen geistreichen Witz eingesetzt, um die Wortspiele, die in Tonga so wichtig sind, adäquat ins Englische zu übertragen, und all sein Können, um das Kolloquiale jener Kulturen auch im Schriftlichen zu verankern. Dazu konnte er nur auf wenige Vorbilder bauen, am ehesten aber noch auf die junge afrikanische Literatur, kennen doch die Gesellschaften im Südpazifik keine schriftliche Tradition. Die englischsprachige einheimische Literatur im Südpazifik ist demzufolge noch jung: Sie entstand Anfang der siebziger Jahre im Umfeld der University of the South Pacific.

Einer ihrer Gründerväter ist Epeli Hau'ofa, der nach seinem Bestseller *Rückkehr durch die Hintertür* einen Roman über den Anus schrieb. *Kisses in the Nederends* (1987) ist nichts für Zartbesaitete, doch in bester rabelaisscher Manier webt Hau'ofa eine ironische Erzählung von Unmöglichkeiten rund um den Unaussprechlichen. Danach versuchte sich der Autor auch in ernsthafter Prosa, um zu scheitern. »Ich fühle mich von der leichten, humorvollen Form angezogen. Vielleicht entspricht dies eher meinem Naturell«, sagt er und lacht. Ein pazifisches Lachen. Ruhig und heiter.

Ina Boesch

Der Pazifik im Unionsverlag

Sia Figiel
Alofa
Aus dem Englischen von Alexandra Bröhm
240 Seiten, gebunden
Alofa heißt Liebe. Alofa heißt auch das widerborstige Mädchen, das sich nichts gefallen läßt, um ihr zerbrechliches »Ich« zu schützen. Umstellt von überlieferten Tabus und Verboten, unbeeindruckt von der Verlogenheit der Erwachsenen, wächst sie auf in ihrer Mädchenclique mit Kung-Fu-Filmen, Wella-Apfelshampoo und Cornflakes. Die Wortkünstlerin Sia Figiel läßt sich von der mündlichen Erzähltradition Samoas inspirieren. Ihre Sprache ist respektlos wie ihre Heldin, funkelnd wie das quirlige Stadtleben, tiefgründig wie die alten Erzählungen von Geistern und Göttern, von fliegenden Hunden und magischen Vögeln.

»Eine poetische Erkundung des Erwachsenwerdens und ein Roman über die Gratwanderung zwischen Identität und Gesellschaft.«
Evening Post

Albert Wendt
Die Blätter des Banyanbaums
Aus dem Englischen von Doris Pfaff
480 Seiten, UT 122
Im Schatten eines riesenhaften Banyanbaums treibt Tauilopepe sein Vorhaben voran. Er will der Mächtigste im Dorf werden und schaltet seine Gegner einen nach dem anderen aus. Allerdings zu einem hohen Preis: seine Frau wendet sich von ihm ab. Er verliert seinen Sohn, der dem alten Häuptling die Treue hält. Und zuletzt sich selbst. Der hochaufragende Banyanbaum aber ist auch Symbol für die stark verwurzelte Kraft der samoanischen Tradition. Nach einem zerstörerischen Hurrikan bleibt er inmitten des wuchernden Reichtums der neuen Plantage zurück – ein verdorrender Stamm.

»Samoa ist das, was ich bin und worüber ich schreibe.« *Albert Wendt*
